간송 선생님이 다시 찾은
우리 문화유산 이야기

샘터어린이

샘터가 소망하는 우리 아이들의 얼굴입니다.
이 행복한 마음 담아 여러분 곁으로 찾아가겠습니다.

www.isamtoh.com

간송 선생님이 다시 찾은
우리 문화유산 이야기

한상남·글 | 김동성·그림 | 최완수·감수

샘터

샘터 솔방울 인물 02

간송 선생님이 다시 찾은 우리 문화유산 이야기

1판 1쇄 발행 2005년 7월 15일
1판 35쇄 발행 2024년 10월 4일

글 한상남
그림 김동성
감수 최완수
자료 도움 간송미술관
펴낸이 김성구

콘텐츠본부 고혁 김초록 이은주 류다경 이영민
마케팅부 송영우 김지희 김나연 강소희 | **제작** 어찬 | **관리** 안웅기

펴낸곳 (주)샘터사 | **등록** 2001년 10월 15일 제1-2923호
주소 서울 종로구 창경궁로35길 26 2층 (03076)
전화 1877-8941 | **팩스** (02)3672-1873
전자우편 kidsbook@isamtoh.com | **홈페이지** www.isamtoh.com

ⓒ 글 한상남 | 그림 김동성 | 사진 간송미술관, 2005

이 책은 저작권법에 의해 보호를 받는 저작물이므로 무단 전재 및 복제를 금지합니다.
이 책의 글이나 이미지의 전부 또는 일부를 이용하려면 반드시 저작권자와 (주)샘터사의 서면 허락을 받아야 합니다.

이 책에 실린 문화재는 모두 간송미술관에 소장되어 있어 소장처를 별도 표기하지 않았음을 밝힙니다.

ISBN 978-89-464-1618-5 73990

샘터 1% 나눔실천 샘터는 모든 책 인세의 1%를 '샘물통장' 기금으로 조성하여 매년 소외된 이웃에게 기부하고 있습니다.
2023년까지 약 1억 1,200만 원을 기부하였으며, 앞으로도 샘터는 책을 통해 1% 나눔실천을 계속할 것입니다.

이 책은

──────── 의 것입니다.

● — 여는 글
우리 민족의 문화유산을 지키는 일에 평생을 바치다

　간송 전형필 선생님은 일제 강점기(1910~1945)에 일본 사람들 손으로 넘어간 우리 문화재를 되찾아 오는 데 평생을 바친 위대한 분입니다.
　일본이 일찍이 우리나라를 강제 점령했지만, 우리의 전통 문화가 저들보다 훨씬 앞서 있었기 때문에 일본인들은 늘 우리 문화재를 욕심냈습니다. 그 결과 수천 년 동안 지켜져 내려오던 최고의 문화재들이 헐값에 팔려 저들의 손에 넘어가게 되니, 우리의 문화가 저들보다 우수했다는 증거조차도 저들의 손아귀에 넘겨 주는 셈이 되었던 것입니다.
　일제는 우리 문화를 없애기 위해 우리말과 글조차 쓰지 못하게 했습니다. 문화 수준이 높은 민족을 무력의 강압으로만 식민 통치하는 것이 불가능하다는 사실을 깨달았기 때문입니다. 여기에 그치지 않고 성과 이름을 고쳐서 일본식으로 고치는 창씨개명으로 일본 사람과 같게 만들려는 가혹한 탄압 정치를 펼쳤으니, 자칫 우리 민족과 우리 문화는 흔적 없이 사라질 뻔했습니다.
　간송 선생은 이런 위기 상황이 닥쳐올 것을 미리 짐작하고 있었습니다. 그래서 일본 사람들에게 넘어간 우리 문화재를 되찾아 와야겠다는 일념으로 조상으로부터 물려받은 십만 석 재산을 모두 다 써 가면서 그 뜻을 이루어 냅니다. 그 당시 우리나라 제일 갑부의 외동아들로 태어나서 25세부터 상속권을 행사할 수 있는 행운을 타고 나기도 했지만, 간송의 선각자다운 예지가 이 엄청난 과업을 성취할 수 있게 했다고 보아야 합니다.

간송은 이렇게 생각했다고 합니다.

'우리 문화재를 수집 보호하기만 한다면 우리 문화의 우수성을 증명하고 문예 부흥의 근거를 마련해 둘 수 있으니, 일시 국권을 상실하고 강압으로 문화 전통이 단절된다 하더라도 크게 걱정할 것이 없다.'

현명하고 올바른 판단이었습니다. 그 어려운 시기에 간송 선생이 지켜낸 수많은 문화재 중에는 오늘날 우리나라의 국보와 보물급을 이루는 귀중한 것들이 많습니다.

이런 문화재들은 1938년 간송 선생이 직접 지은 우리나라 최초의 사립 미술관인 보화각에 수장되는데, 1950년 한국전쟁 중에도 보화각의 중요 수장품은 큰 피해 없이 잘 지켜집니다.

1962년 간송 선생이 돌아가시고 난 후, 1966년에는 간송 선생이 남긴 뜻을 잘 받들어 그 수장품을 바탕으로 미술사 연구를 하는 한국민족미술연구소를 설립하고, 보화각을 간송미술관으로 이름을 바꿔 연구소에 소속시켰습니다.

이 한국민족미술연구소에서는 이후 40년 가까이 한국미술사 연구를 계속하면서 추사와 겸재, 현재, 단원의 작품들을 통해 우리 역사를 긍정적인 시각으로 바라보는 기준을 마련하였습니다. 이것이 바로 우리 역사를 부정적으로 뒤틀어 놓은 일제 식민사관에서 탈피하는 일이었습니다.

연구소에서는 또한 1년에 2회 『간송문화』를 발간하고 있습니다. 필자는 1991년 간송문화 제41호에 『간송선생 평전』과 1996년 간송문화 제51호에 『간송이 문화재를 수집하던 이야기』를 실은 바 있습니다.

한상남 선생이 쓴 『간송 선생님이 다시 찾은 우리 문화유산 이야기』는 간송 선생의 삶과 업적을 어린이를 위해 쉽고 재미있게 구성한 책입니다. 어린이 여러분들도 이 책을 보면 간송 선생님이 어떤 분인지 잘 알게 될 것입니다. 그리고 어린이 여러분들이 앞으로 어떤 삶을 살아야 할지도 마음먹을 수 있을 듯합니다. 이 책을 보고 난 어린이들은 해마다 5월과 10월에 열리는 간송미술관 정기전시회에 와서 우리 문화유산을 대할 때 그 마음과 태도가 분명히 달라져 있을 거라 믿습니다.

2005년 6월 28일

간송미술관에서 가헌 최완수 쓰다.

●— 글쓴이의 말
혼신의 힘을 다해 우리 문화재를 지켜 냈던 간송 전형필 선생님!

오늘날에는 우리 문화유산에 대한 관심이 아주 높습니다.

문화유산을 보존하고 전시하는 박물관도 많고, 문화유산에 관한 책도 많이 있습니다.

하지만 일제강점기 때만 해도, 보통 사람들은 우리 문화유산이 얼마나 귀중하고 가치 있는 것인지를 잘 알지 못했습니다.

그 틈을 타서 이 땅을 침략한 일본인들은 우리 문화유산에 눈독을 들였습니다. 사람을 사서 옛 무덤을 도굴시키는 일이 예사였고, 내로라하는 일본인들이 우리 문화유산을 저희들끼리 사고팔면서 호사 취미를 누리곤 했습니다.

간송 전형필 선생님은 그 시절에 우리 문화유산이 일본인의 손에 넘어가는 것을 온몸으로 막으신 분입니다. 그뿐만이 아니라, 이미 외국인의 손에 넘어가 있는 문화유산을 되찾아 오는 일에 발 벗고 나섰던 분입니다.

사람들은 문화유산을 수호하기 위해 큰돈을 쓰는 선생님을 보고, '금싸라기 땅을 팔아 사기그릇을 사는 사람'이라는 손가락질을 하기도 했답니다.

우리 역사 속에서 가장 비참하고 슬픈 일이었던 일제 강점기와 6·25 전쟁……. 그 상처 깊은 역사 한가운데에 서서, 혼신의 힘을 다해 우리 문화재를 지켜냈던 간송 전형필 선생님!

간송 선생님의 생애를 어린이 여러분에게 소개하고, 선생님이 우리 문화유산을 얼마나 사랑하셨는지를 알리게 된 것을 기쁘게 생각합니다.

전 생애를 다 바쳐 우리 문화유산을 지키셨던 간송 선생님의 고귀한 뜻이 어린이 여러분의 삶에 등대의 불빛이 되기를 바랍니다.

이 책이 나오기까지 많은 도움을 주신 최완수 선생님, 김은영 선생님께 감사드립니다.

좋은 책을 꾸며 주신 샘터 식구들에게도 깊이 감사드립니다.

2005년 7월
한상남

차례

여는 글 6
글쓴이의 말 10

제 一 장 | 우리 문화유산 지킴이 간송 전형필

은행장의 도자기를 잡아라 17
경성미술구락부에서의 한판승 24
슬픔이 사람을 키운다 33

제 二 장 | 민족의 혼, 우리 문화유산

큰 스승 오세창과 고희동 43
아궁이에서 찾아 낸 해악전신첩 52
천 마리 학이 난다! 69
영국인, 개스비 78
기회는 준비된 사람에게 찾아온다 83

제三장 | 보화각에서 훈민정음까지

우리나라 최초의 사립미술관, 보화각의 건립 95

돌도 우리 것이다 103

훈민정음! 115

제四장 | 또 한 번의 위기를 넘기며

짧은 평화 125

위기를 넘긴 보화각의 유물 131

전쟁의 상처 139

이제 여러분께 맡기겠습니다 147

간송 전형필 소개 154

간송미술관 소개 156

작가 소개 157

찾아보기 158

제1장

우리 문화유산 지킴이 간송 전형필

은행장의 도자기를 잡아라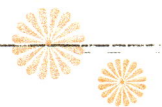

1936년 11월, 맑고 파란 하늘을 배경으로 창 밖에는 앙상한 나뭇가지들이 바람에 흔들리고 있었습니다.

"나라를 빼앗긴 지 어느덧 26년의 세월이 흘렀구나!"

전형필이 나직이 한숨을 쉬며 막 돌아섰을 때, 전화벨이 울렸습니다. 일본인 골동상점 온고당의 주인 심보였습니다.

"중요한 일이 생겨서 전화를 드렸습니다만……."

심보의 음성에서 예사롭지 않은 신중함이 느껴졌습니다.

"모리 고이치 유족이 고인의 수장품을 전시 경매한다는 정보가 있습니다."

"뭐라고요? 그게 정말입니까?"

"그렇습니다, 그 일로 만나서 의논을 했으면 합니다."

"만납시다. 만나요."

형필은 짧게, 그러나 결연하게 대답했습니다.

모리 고이치는 조선저축은행*의 은행장이면서 당시 경성**에서 손꼽히는 고미술품 수장가였습니다. 수집한 물건이 200점 이상 되리라는 추측과 함께, 그의 안목이나 욕심으로 보아 상당히 귀한 물건들이 섞여 있으리라는 소문이 무성했습니다.

그런데 그 모리 고이치가 얼마 전 세상을 떠났던 것입니다. 유언조차 남기지 못한 급작스런 죽음이었습니다. 그런 만큼 유족들이 그의 수장품을 어떻게 처리할 것인가를 두고 당시 고미술계 인사들이 촉각을 곤두세우고 있었으니, 형필도 예외는 아니었습니다.

그 무렵 모리 고이치 유족에게 접근한 사람은 경성미술구락부*** 사장이었던 사사키였습니다. 일찍부터 유족들과 얼굴을 익혀 둔 사이였던 그는 유족들에게 모리 고이치의 추모 모임을 겸한 특별 전시 경매를 제안했습니다. 그는 이 전시 경매가 고인의 수장품이 제대로 평가받을 수 있는 더없이 좋은 기회가 될 것이라는 점도 밝혔습니다.

고인이 남긴 수장품 처리에 고심하던 유족들은 그 제안을 거절할 이유가 없었습니다. 이렇게 해서 모리 고이치의 수장품 200여 점은 경성미술구락부의 전시 경매를 통해 처분하기로 결정되었습니다.

심보에게서 그 동안의 사정을 들은 형필은 미리 얻을 수 있는 정보가 있는지 알아보라고 했습니다.

사사키가 한창 전시회 준비를 진행하고 있을 즈음, 형필과 심보는 명동의 한 음식점에서 다시 만났습니다.

심보는 전시회 도록****에 실릴 수장품 사진들을 내보이며 말했습니다.

"놓치기 아까운 물건이 몇 개 있습니다. 보세요."

"이런 사진을 어떻게 구하셨소?"

형필이 놀랍다는 듯이 묻자, 심보가 목소리를 낮춰서 말했습니다.

"이번에 제가 가지고 있던 물건을 두어 개 내놓았지요. 출품자들에게만 은밀하게 전해지는 정보가 있을까 해서 말입니다."

과연 최고의 골동상인다운 행동이었습니다.

사진들을 하나하나 살펴본 형필은 한 장의 사진을 골랐습니다. 형필은 다른 사진들을 옆으로 밀어 놓은 채 그 사진만을 묵묵히 들여다보았습니다.

청화백자에 난초와 국화, 그리고 곤충이 그려져 있는 목이 긴 병이었습니다.

"전 선생, 제 뜻과 꼭 같습니다그려."

형필이 선택한 물건이 자기 뜻과 같다는 것에 흥이 난 듯 심보는 덧붙여 말했습니다.

●조선저축은행 제일은행의 옛 이름.
●●경성 일제 강점기 때 서울의 이름.
●●●경성미술구락부 1922년 일본 상인들이 미술품을 사고팔기 위해 창립한 경매 회사. '구락부'는 '클럽'을 일본식으로 발음한 것인데, 당시에는 단체 성격을 띤 모임에 흔히 구락부라는 이름을 붙였다.
●●●●도록 자료가 되는 그림이나 사진을 실은 책.

"이번에 이것을 꼭 잡으십시오. 지난번에 구입하신 매병˙과 짝을 이룰 만한 명품입니다."

심보는 그 외에도 경매와 관련한 여러 가지 정보를 전해 주었습니다.

"고미술품에 관심을 가진 재력가들은 너나없이 이번 경매에 눈독을 들이고 있을 겁니다. 아마 조선인으로는 장택상 씨가 가장 유력하겠지요."

"조선백자의 수장가로는 인촌 김성수˙˙ 선생과 창랑 장택상˙˙˙ 선생이 쌍벽을 이룬다지요?"

"그렇습니다. 그 밖에도 몇천 원은 어렵지 않게 지불할 수 있는 몇몇 일본인 부호들도 경계하셔야 할 겁니다."

"그렇겠지요."

"무엇보다도 걱정되는 건 일본에서 골동상인들이 건너오는 것입니다. 만약 그렇게 되면……."

심보는 더 이상 말을 잇지 않았지만, 형필은 그가 하고자 하는 말을 잘 알고 있었습니다. 일본 골동상인들은 재력의 규모가 대단할 뿐 아니라, 한번 눈도장을 찍은 물건을 절대 놓치지 않는 근성으로도 알려져 있는 사람들이었습니다.

˙매병 아가리가 작고 좁으며 어깨 부분은 크게 벌어지고 밑이 홀쭉하게 빠진 모양의 병.
˙˙김성수 (1891~1955) 호는 인촌, 동아일보를 창간하였으며, 보성전문학교를 기초로 고려대학교를 창립하였다.
˙˙˙장택상 (1893~1969) 호는 창랑, 1948년 정부수립 후, 초대 외무부장관에 취임하였다.

1930년대 중반은, 우리나라를 침략한 일본의 식민지 정책이 한창 진행되고 있던 시기였습니다.

그 무렵, 우리나라에 와 있던 내로라하는 일본인들 사이에는 고려자기와 조선백자를 수집하는 일이 유행처럼 번지고 있었습니다. 골동품에 관심을 갖는 사람들이 많다 보니, 자기들끼리 수장하고 있는 골동품을 사고팔거나 교환하는 단체가 생기기도 했습니다. 경성미술구락부도 그런 단체 중의 하나였습니다.

경성미술구락부에서 한 달에 한 번 열리는 '고미술 교환회'라는 모임에서는 골동품 거래가 이루어지기도 했습니다. 회원들끼리 소장한 물건에 값을 매겨 물물교환하는 형식으로 이루어지는 거래였습니다.

간송 전형필!

일제 강점기 동안 우리 문화재의 수호를 위해 발벗고 나선 인물이자, 오늘날 간송미술관의 설립자로 알려진 전형필도 이 경성미술구락부를 통해서 몇몇 고미술품을 수집한 적이 있었습니다.

이 무렵 간송은 재력이 막강한 일본인 수집가들과 경쟁하기 위해 일본인을 거간*으로 두었습니다.

필동에서 '온고당'이라는 골동상점을 경영하는 일본인 심보 키조라는 사람도 그런 이유로 알게 된 사람이었습니다. 두 사람은 처음에 골동상인과 손님으로 만났지만, 세월이 흐르면서 심보는 전형필에게 골동품에 관한 중요한 정보 제공자가 되었습니다.

마침내 전시회 날이 다가왔습니다. 모든 물품은 11월 21일에 전시되고, 경매 시간은 다음 날인 22일 오후 1시로 결정되었습니다.

전시회는 성황을 이루었습니다. 퇴계로에 자리잡은 경성미술구락부에는 세상에 새롭게 공개되는 미술품을 감상하기 위해 아침부터 사람들이 꾸역꾸역 모여들었습니다.

형필도 전시회장에 들러서 유리장 안에 진열된 물건들을 찬찬히 훑어보았습니다. 실제로 물건을 보니 형필은 마음속에 정해 둔 것을 일본인에게 내줄 수 없다는 생각이 더욱 간절해졌습니다.

그날 저녁때, 심보가 어두운 얼굴로 형필을 찾아왔습니다.

"일이 쉽지 않을 것 같습니다."

"무슨 말이오?"

"일본에서 큰손이 움직였다는 정보가 있습니다."

"……"

형필은 침묵으로 대답을 대신했습니다.

• 거간 둘 사이의 거래를 돕는 사람. 중매인이라고도 한다.

경성미술구락부에서의 한판승

11월 22일, 경성미술구락부 경매장 안에는 생각보다 많은 사람들이 자리 잡고 있었습니다. 모인 사람들의 얼굴은 하나같이 긴장한 표정이었습니다.

형필과 심보가 경매장에 들어서자, 웅성거리던 사람들의 시선이 일제히 두 사람에게 쏠렸습니다. 반백의 머리에 투지가 넘쳐 보이는 건장한 체구의 심보는 거기 모인 사람들에게 웬만큼 알려진 얼굴이었습니다.

사람들의 눈길은 심보와 함께 들어서는 젊은이에게 쏠렸습니다. 크지도 작지도 않은 키에 희고 둥근 얼굴, 머리칼을 단정하게 뒤로 넘긴 젊은이……. 그 무렵에는 형필의 이름을 알고 있지만 그의 얼굴을 알아보는 사람은 그리 많지 않았습니다.

자리에 앉으면서 주위를 둘러보던 심보의 눈길이 문득 한 사람에게 머물렀습니다. 그 순간 그의 눈꺼풀이 가느다랗게 떨렸습니다.

"역시 야마나카가 왔군요."

심보는 형필 쪽으로 몸을 기울이며 조그맣게 말했습니다. 형필은 앞을 바라본 채 천천히 고개를 끄덕였습니다.

교토에서 야마나카 상회라는 골동상점을 운영하는 그는 베이징, 런던, 파리, 뉴욕 등 세계 각 곳에 지점을 두고 있는 세계적인 골동거상이었습니다.

형필은 마치 전쟁을 앞둔 장군처럼 팽팽한 긴장감이 차오르는 것을 느꼈습니다.

이윽고 실내가 대만원을 이룬 가운데 경매가 시작되었습니다.

물건이 소개될 때마다 실내에는 왁자지껄한 탄성과 함께 수군거림이 일었고, 계속해서 값을 매겨 부르는 소리가 들렸습니다. 몇 사람의 경합자가 나서서 값을 점점 올려 가고 있었습니다.

"오백 원!"

"오백 원 나왔습니다."

"오백오십 원!"

"오백오십 원 나왔습니다."

"오백팔십 원!"

"오백팔십 원 나왔습니다……. 오백팔십 원 나왔습니다. 또 없습니까?"

일본인 진행자 고히라의 흥분된 목소리가 경매장 안을 쩌렁쩌렁 울렸습니다.

"육백 원!"

"육백 원 나왔습니다……. 육백 원 나왔습니다. 또 없습니까?"

고히라는 실내를 돌아보며, 규칙에 따라 같은 값을 세 번 불러 확인한 뒤에 외쳤습니다.

"육백 원에 낙찰되었습니다."

'탕! 탕! 탕!'

고히라는 경락봉을 내리쳤습니다.

한 고을을 책임지는 군수의 월급이 칠십 원 정도이고, 천 원이면 웬만한 기와집 한 채를 살 수 있던 시절에, 조그만 그릇 하나가 몇백 원에서 천 원이 넘는 가격에 거래되고 있는 경매장의 열기는 가히 짐작할 만한 것이었습니다.

형필은 경매되는 물건 하나하나를 그윽한 눈길로 바라보고 있었습니다. 경매에 나온 물건들, 그중에서도 자기 종류는 하나같이 깊은 규방에서 곱게 자란 현숙한 아가씨처럼 아름답고 품위 있는 자태를 지니고 있었습니다. 그것이 바로 일본인 골동상인들이 우리 도자기라면 눈에 불을 켜고 달려드는 까닭이기도 했습니다.

경매는 점점 열기를 더해 갔습니다. 물건이 낙찰될 때마다 환호성이 터지기도 하고, 안타까운 한숨 소리가 들리기도 했습니다.

이따금 심보는 형필 쪽으로 몸을 기울여서 무엇인가 귀엣말을 건네곤 했습니다.

"아직 큰손들은 별 움직임이 없습니다."

형필은 고개를 끄덕였습니다. 대개 큰 재력과 안목을 갖춘 사람들은 자기가 눈도장 찍어 둔 한두 작품을 겨냥할 뿐, 다른 물건들은 대범하게 감상하는 것이 보통이었습니다.

이윽고 경매대 위에 목이 긴 병 하나가 올라왔습니다. 눈처럼 흰 바탕에 국화와 난초, 풀과 곤충이 양각°된 병이 등장한 순간, 실내는 물을 뿌린 듯이 고요해졌습니다. 마치 그 백자가 지닌 우아한 아름다움이 누구라도 그 앞에서 침묵하도록 하는 듯했습니다.

형필은 조용히 심호흡을 했습니다. 조용하던 실내가 서서히 웅성거리기 시작하더니, 여기저기에서 호기 있게 값을 부르는 소리가 들렸습니다.

맨 처음 오백 원부터 시작된 가격은 숨가쁘게 다투어 올라가 눈 깜짝할 사이에 삼천 원까지 치솟았습니다. 만만찮은 가격이었습니다.

그 뒤로는 값을 부르는 목소리가 눈에 띄게 줄어들긴 했지만, 오천 원까지는 그다지 힘들이지 않고 올라갔습니다. 오천 원이 넘어서자 값을 부르는 소리는 한층 날카로워졌고, 육천 원이 되었을 때는 매매를 원하는 사람이 두세 명으로 확실하게 줄어들었습니다. 그런 가운데에서도 값은 여전히 백 원 단위로 계속 올라 마침내 칠천 원에 올라섰습니다.

"칠천 원 나왔습니다. 또 없습니까?"

진행하는 고히라의 음성이 팽팽한 긴장을 머금고 있었습니다.

•양각 글자나 그림을 도드라지게 새김. 돋을새김.

"칠천 원! 또 없습니까?"

침묵이 이어졌을 때, 사람들은 그 백자가 칠천 원에 낙찰된다는 것을 의심하지 않았습니다. 실내를 돌아본 고히라가 경락봉을 집어들었습니다.

바로 그 때, 줄곧 침묵하며 분위기를 살피던 심보가 소리쳤습니다.

"팔천 원!"

한꺼번에 천 원이 뛰어오르자, 놀라움의 탄성이 실내를 휩쓸고 지나갔습니다.

다시 침묵이 흘렀습니다. 팔천 원을 두 번 더 외친 고히라가 경락봉을 집어들려는 찰라, 한쪽 구석에서 또 다른 음성이 들렸습니다.

"구천 원!"

나직하게 그러나 또렷한 음성으로 또다시 집 한 채 값을 올려놓은 사람은 일본 제일의 골동거상인 야마나카였습니다.

경락봉을 잡은 고히라의 눈길이 형필과 야마나카 사이를 부지런히 오가고 있었습니다.

뜻밖의 강적을 만났다는 듯, 야마나카는 쏘는 듯한 눈빛으로 앞을 바라보고 있었습니다.

형필의 눈빛도 흔들림이 없었습니다. 이윽고 형필과 귀엣말로 의논을 끝낸 심보가 큰 소리로 외쳤습니다. 더 이상의 추격을 떨쳐 버리겠다는 듯 결연한 음성이었습니다.

"일만 원!"

또다시 경매장 안에 '우우' 하는 탄성의 물결이 일었습니다. 순간 야마나카의 눈썹이 꿈틀하면서 눈썹 사이에 주름이 지나갔습니다.

"일만 오백 원!"

야마나카는 짐짓 여유 있는 얼굴로 조용히 가격을 불렀습니다. 창과 창이 부딪치는 듯한 날카로운 긴장감 속에, 가격은 오백 원 단위로 숨가쁘게 올라가기 시작했습니다.

이제 경매는 단순히 조선백자 한 개를 놓고 다투는 싸움이 아닌, 일본과 조선의 싸움을 상징하는 듯한 분위기였습니다.

야마나카가 일만 사천 원을 불렀습니다.

"일만 사천오백 원!"

심보의 외침이 들렸을 때, 사람들은 이미 기가 질릴 만큼 질려 있었습니다. 백자의 최고가가 이천 원 정도였던 당시로서는 사상 유례 없는 금액이 오가고 있었던 것입니다.

지그시 눈을 감은 야마나카의 모습에는 지친 기색이 역력했습니다.

"일만 사천오백오십 원!"

오백 원 단위로 오르던 가격이 오십 원 단위로 바뀐 것입니다.

심보는 뒤이어 다시 외쳤습니다.

"일만 사천오백육십 원!"

"일만 사천오백칠십 원!"

야마나카가 미련을 버리지 못한 듯 마지막으로 한 번 더 불렀으나, 그것은 이미 승부를 예감한 음성이었습니다.

"일만 사천오백팔십 원!"

심보의 마지막 일격이 가해졌습니다. 경매장은 한순간 무거운 침묵이 흘렀습니다. 고희라가 반복해서 값을 외쳤지만, 그 이후로는 아무 소리도 들리지 않았습니다.

"일만 사천오백팔십 원에 낙찰되었습니다."

'탕! 탕! 탕!'

고희라의 경락봉이 테이블을 힘껏 내리치는 것과 동시에, 경매장 안에 우레 같은 박수가 터져 나왔습니다.

청화백자철사진사국화문병(국보 294호)! 높이 42.3cm의 목이 긴 이 병의 풍만한 몸체에는 눈부시게 흰 비단에 수를 놓은 듯, 들국화 몇 송이가 진사*와 철사** 등의 안료를 사용하여 그려져 있었습니다. 푸른 청화 안료를 쓴 풀잎 위로는 금방이라도 날갯짓을 할 것만 같은 나비가 새겨져 있었습니다. 색채가 풍부하게 쓰인 자기이면서 무늬가 양각으로 새겨진 보기 드문 명품이었습니다.

손에 땀을 쥐게 했던 이 날의 사건은 실로 역사에 기억될 우리 문화재 수호의 현장이기도 했습니다.

•진사 붉은색 광석에서 빼낸 안료의 하나.
••철사 장석을 주성분으로 한 유약에 산화철을 섞어 만든 흑갈색의 물감.

청화백자철사진사국화문병
국보 제294호, 높이 42.3cm, 조선시대

슬픔이 사람을 키운다

　간송 전형필은 1906년 7월 26일 서울 종로에서 태어났습니다.
　그날, 종로 4가 112번지의 대문에 금줄이 걸렸습니다. 빨간 고추와 검은 숯을 사이사이에 꽂아 놓은 금줄을 보는 마을 사람들의 얼굴에 웃음이 번졌습니다.
　"늘그막에 도련님을 얻으셨으니 얼마나 기쁘시겠누?"
　"배우개 양반 댁에 경사가 났네!"
　당시 종로 4가 일대는 '배우개'라는 이름으로 불렸는데, 전형필이 태어난 배우개 양반 댁은 종로에서 모르는 사람이 없었습니다. 수만석지기 거부인 두 형제가 각각 일가를 이루고 사는 집이었기 때문입니다. 형필의 선대 할아버지 중에는 일찍이 큰 재산을 모은 분이 있었습니다. 장사를 천하게 여기던 시절에 상업에 눈을 떠 큰 부자가 되었던 것입니다. 그래서 형필의 할아버지인 전창렬, 전창엽 형제가 선대로부터 물려받은 땅은 서울 근교뿐만 아니라 황해도 연안, 충청남도 공주, 서산 등 전국에 무수히 있었습니다. 그러기에 한 집에서 일 년에 거둬들이는 쌀이 수만 석을 넘는 이들은 실로 장안에서 손꼽히는 거부였습니다.

형필이 태어났을 때, 할아버지와 할머니는 70대 중반이었고, 작은 할아버지 내외는 69세의 동갑이었습니다. 게다가 부모의 나이도 40세를 넘겼으니, 그의 탄생은 집안의 더없는 기쁨이었습니다.

더구나 형인 형설과는 무려 열네 살이나 차이가 있고 보니, 형필은 온 집안의 사랑을 독차지하며 자랐습니다. 그러나 형필은 태어나자마자, 자손을 두지 못한 작은 할아버지 댁에 양자로 들어갔습니다.

하지만 저간의 사정이야 어찌 됐든 그것은 서류상의 양자일 뿐, 형필은 친가와 양가가 붙어 있는 집에서 친부모와 양부모의 사랑을 한몸에 받으며 자라게 된 것입니다.

완고했던 할아버지는 형필에게 신식 교육을 허락하지 않았습니다. 그래서 형필은 열 살이 될 때까지 집에서 스승을 모시고 한문과 경서를 공부했습니다. 그러다가 할아버지가 돌아가신 후에야 열한 살의 나이로 어의보통학교(지금의 효제 초등학교)에 입학했습니다.

피부가 희고 이마가 반듯한 형필은 총명한 머리에 만만치 않은 한문 실력을 갖춘 아이였습니다.

형필의 집안에 죽음의 그림자가 드리우기 시작한 것은 그 무렵이었습니다.

할아버지가 눈을 감은 것을 시작으로 다음해에는 양가의 할머니가 세상을 떠났습니다. 그리고 형필이 초등학교에 입학하던 해 늦가을에 다시 양가의 할아버지가 세상을 떠났으며, 이듬해에는 친가의 할머니마저 눈을 감았습니다. 한 지붕 밑에서 팔십이 넘도록 장수했던 수만 석지기 거부 형제는, 이렇게 3년 사이에 그 부인과 함께 앞서거니 뒤서거니 세상을 떠났습니다.

사람들은 배우개 양반 댁 노인들의 상사*에 대해 오히려 덕담을 주고받았습니다.

"말년에 손자까지 보시고, 더 바랄 것 없이 편히 눈을 감으신 게야."

"그만한 호상**이 없지."

그런데 그로부터 불과 2년 후인 1919년 가을, 형필에게 참으로 큰 슬픔이 닥쳤습니다. 양아버지가 50세의 젊은 나이로 세상을 떠나고 만 것입니다.

충격에 휩싸인 집안에 불행은 꼬리를 물고 찾아왔습니다. 양아버지의 장례를 막 치르고 났을 때, 이번에는 친가의 형인 형설이 스물여덟의 한창 나이로 갑작스레 죽은 것입니다.

보름 간격으로 일어난 날벼락 같은 일이었습니다.

자식을 두지 못한 데다 유난히 자상한 성품이었던 형은 어린 동생 형필에게 부모 못지 않은 사랑을 쏟아 왔었기 때문입니다.

• 상사 사람이 죽는 일.
•• 호상 복 있게 살다 죽은 사람의 장사를 일컫는 말.

"형님……."

형필이 뜨거운 눈물을 흘리며 바라보는 허공에는 낙엽만 무심하게 떨어질 뿐이었습니다.

슬픔이 사람을 키운 듯, 형필은 갑자기 성숙해졌습니다. 말수가 적어지고 생각이 많은 소년으로 변해 갔습니다.

1921년 봄, 보통학교를 졸업한 형필은 휘문고등보통학교에 진학했습니다.

형필이 본격적인 신식 교육에 막 흥미를 느끼고 있을 때였습니다.

어느 날, 아버지가 형필을 불러 앉히고 어렵게 말을 꺼냈습니다.

"네게는 뜻밖의 말이 될지도 모르겠다만, 네 혼인을 서두를까 한다."

"예? 아버지……."

형필은 얼굴을 붉히며 말을 잇지 못했습니다.

"그래, 요즘은 전과는 달리 혼인을 그리 빨리 하지 않는다는 걸 나도 안다. 그러나 적막한 우리 집안 형편을 생각해 보아라."

잠시 침묵이 흐른 후, 형필이 말했습니다.

"아버지 뜻을 따르겠습니다."

이렇게 해서 형필은 열여덟 살에 김점순이라는 처녀를 맞아 결혼을 했습니다.

형필은 집에서는 아내를 맞이한 가장이었지만, 학교에서는 스승과 학우들에 둘러싸여 생활하는 유쾌한 학생이었습니다. 특히 섬세한 감성을 타고난 듯 음악과 미술 등 예술 방면에 조예가 깊었습니다.

고등학교 야구부 시절의 전형필 선생님(앞쪽 오른쪽에서 세 번째).

당시 미술 교사였던 고희동은 형필의 이런 예술적 재능을 간파하고 몹시 대견스러워했습니다.

그런가 하면 운동 분야에서도 활약이 컸습니다. 형필은 야구선수로 뛰며 국내 대회에서 여러 번 우승했고, 일본에 원정을 가서 오사카 중학교를 크게 이기고 돌아오기도 했습니다.

그 무렵 형필에게는 또 하나의 남다른 취미가 있었습니다. 그것은 짬짬이 서점을 돌아다니며 마음에 드는 책을 사 모으는 일이었습니다.

형필은 새로 선보이는 책에도 관심을 가졌지만, 옛 선비들의 손때가 묻은 책에 더 관심이 많았습니다. 간혹 내용이 흥미로운 것은 아닐지라도 책의 모양이 색다른 것도 사곤 했습니다.

"신간도 아닌데, 왜 이런 책을 사려는 거야?"

친구가 의아해서 물으면, 형필은 빙그레 웃을 뿐이었습니다. 이렇게 해서 휘문고보 시절에 그의 서재에는 이미 꽤 많은 값진 책이 꽂히게 되었습니다.

제二장

민족의 혼, 우리 문화유산

큰 스승 오세창과 고희동

1926년에 휘문고등보통학교를 졸업한 형필은 곧바로 도쿄의 와세다 대학 법과에 입학했습니다.

새롭게 시작된 대학 생활은 형필에게 있어 즐겁기보다는 갈등의 연속이었습니다. 식민지 백성을 깔보는 남의 나라에서 그는 깊은 갈등과 절망감에 빠지곤 했습니다.

형필은 보통학교 3학년 때 맞이했던 3·1 운동의 가슴 벅찬 감동을 생생히 기억하고 있었습니다.

"대한독립만세!"

"대한독립만세!"

그날 탑골공원에서 독립선언서를 낭독한 학생들은 목이 터져라 만세를 부르며 종로 거리로 쏟아져 나왔습니다. 태극기를 든 수천 명의 행렬이 종로로 나서는 순간, 탑골공원 밖에 모여든 엄청난 군중이 학생들과 합세했습니다.

시위대는 순식간에 수만 명을 헤아리기에 이르렀고, 그 거대한 물결은 끝없이 만세를 부르며 40일 전에 서거한 고종황제의 빈소가 모셔져 있는 덕수궁 앞까지 행진해 갔습니다.

형필은 종로의 한 모퉁이에서 초롱초롱한 눈으로 이 감격적인 만세 행진을 지켜보았습니다. 소년 형필의 가슴은 물레방아가 돌아가듯, '쿵! 쿵!' 소리내며 뛰고 있었습니다.

"일본은 침략국이다. 우리는 반드시 독립해야 한다."

형필은 벅차오르는 가슴으로 이렇게 절규하고 있었습니다. 집으로 돌아오면서 형필은 마음속으로 목이 터져라 '대한독립만세!'를 불렀습니다. 수십 번, 수백 번 만세를 불렀습니다.

3·1 운동 후, 수많은 애국지사들이 중국의 상하이로 망명하였고, 그곳에서 '대한민국'을 국호로 하는 임시정부를 세웠습니다. 피끓는 젊은이들이 너도나도 조국을 떠나 상하이 임시정부로 모여들었습니다.

"내 나라를 빼앗긴 처지에 이 대학 생활이 무슨 의미가 있는가? 모든 것을 버리고 상하이로 달려가는 것이 옳은 길 아닌가?"

형필은 하루에도 몇 번씩 자기 자신에게 되물었고, 그렇게 하지 못하는 현실은 그를 끝없이 괴롭혔습니다. 위축되고 자신감이 흔들릴 때마다 형필은 입술을 깨물면서 학업에 열중하는 것으로 버텼습니다.

책을 수집하는 취미는 일본에서도 계속되었습니다. 그는 강의가 빌 때면

북단장에서 보화각 개관 기념일에
(왼쪽부터) 이상범, 박종화, 고희동, 안종원, 오세창, 전형필, 노수현, 이순황

학교 앞의 서점이나 옛날 책을 다루는 고서점에 들러 책들을 살펴보곤 했습니다.

방학이 되어 고국에 돌아온 형필이 가족 외에 누구보다도 먼저 만나고 싶었던 사람은 다름 아닌 휘문고보 시절의 스승인 고희동이었습니다.

춘곡 고희동! 우리나라 최초의 서양화가로 일찍이 프랑스 말을 배워 18세의 어린 나이에 대한제국 궁내부 직원으로 근무했습니다. 그러다가 우리나라가 일본에 점령되자 관리직을 버리고 미술 공부에 뛰어들었습니다.

동양화를 시작한 그는 1909년에 일본으로 건너가 한국인으로서는 최초로 서양화를 공부했습니다. 5년 동안의 유학을 마치고 귀국한 후에는 교육계에서 활약하면서 학생들에게 새로운 미술 기법을 가르쳤습니다. 그러나 그는 우리나라 화단에 서양화의 기법을 소개한 후 자신은 다시 동양화로 방향을 바꿀 만큼 철저한 민족의식을 품고 있었습니다.

고희동은 일찍이 형필의 정신 속에 깃들여 있는 예술적 감수성을 발견하고 격려해 주었던 스승이기도 했습니다. 그래서 무려 스무 살의 나이 차이에도 불구하고 두 사람은 친구처럼 자주 만나 토론하고 울분을 쏟으며 서로를 위안했던 것입니다.

잊을 수 없는 스승 고희동을 통해서, 형필은 그의 인생의 방향을 잡아 준 또 한 사람의 인물을 만나게 됩니다.

형필이 와세다 대학 3학년 때의 일이었습니다.

방학을 맞아 고국에 돌아온 형필은 부랴부랴 고희동 선생님을 찾았습니다.

"오늘은 자네가 찾아뵙고 인사를 드려야 할 분이 있네."

"예, 그렇게 하겠습니다."

"어떤 분인지 궁금하지 않은가?"

"마음이 설렙니다."

"그럴 테지. 위창 오세창 선생님일세."

"예? 오세창 선생님이라면 민족 대표 33인 중의 한 분이 아니십니까?"

"그렇지. 오 선생님께서 자네 이야기를 듣고 만나 보고 싶어하시더군."

"저도 꼭 뵙고 싶었던 어른입니다."

위창 오세창! 그는 추사 김정희*의 적통을 이은 서화의 대가였습니다. 학식과 견문이 깊고 학문적 고증**이 치밀하며 예술적 감식이 뛰어난 정통 고증학자로서 민족 서화계의 정신적 지주라 할 만한 분이었습니다.

한문과 중국어에 능통했던 그는 대한제국 때에 언론계에 몸담아 『만세보』와 『대한민보』의 사장을 지냈으며, 3·1만세운동 때는 민족대표 33인 중의 한 사람으로서 항일운동에 앞장섰다가 3년간의 옥고를 치른 터였습니다. 뿐만 아니라 오세창은 오늘날 민족대표 33인 중 마지막까지 절개를 굽히지 않은 몇 사람으로 기록되는 인물입니다.

형필이 고희동을 따라 위창의 집을 찾았을 때, 선생은 원고더미 속에 파묻혀 있었습니다. 그의 서재에는 진귀한 그림과 글씨와 그것들에 관한 자료들이 산더미처럼 쌓여 있었습니다.

이미 환갑을 지낸 노인이 열정을 기울여 원고를 정리하고 있는 모습은 형필에게 가슴 떨리는 감동을 주었습니다.

"어서들 오게나."

위창은 두 사람을 몹시 반겨 주었습니다.

형필은 예를 갖추어 절을 올렸습니다.

"전 군, 만나서 반갑네. 고 선생에게서 이야기를 듣고 꼭 만나고 싶었지."

선생은 그윽한 눈빛으로 형필의 얼굴을 한참이나 살핀 후에 고개를 끄덕

●추사 김정희 (1786~1865) 추사체의 창시자. 조선시대 문신이며 서법의 대가이다. 특히 예서에 뛰어났다.
●●고증 옛 문헌을 연구하여 증거를 찾아 설명하는 일.

이며 말했습니다.

"좋은 인물이구나!"

세 사람이 차를 마시며 이런저런 이야기를 나누게 되었을 때, 형필은 조심스럽게 물었습니다.

"그런데 무슨 원고이십니까?"

"고대로부터 조선까지 우리 역사에 나타난 서화가들에 관한 기록을 모두 모아서 정리를 하고 있네."

"아, 엄청난 작업이군요."

"그렇지, 위창 선생님이 아니면 이 작업은 이루어질 수가 없을 걸세."

고 선생이 덧붙여 설명했습니다.

형필은 마음속으로 다시 한 번 위창 선생을 우러러보았습니다.

위창 오세창이 당시에 작업한 우리나라 역대 서화의 역사를 총정리한 책은 『근역서화징』이라는 제목으로 1928년 5월에 발간되었습니다.

그날, 이 노학자는 형필에게 말했습니다.

"인간과 짐승을 가장 두드러지게 구분해 주는 것이 바로 문화라는 것이야. 그런 의미에서 한 나라의 문화재란 그것을 공유하는 사람들의 주체성과 정신적 가치가 깃든 일종의 유산이지. 즉 우리 문화재는 우리 민족의 정신이 함축된 유산이란 말일세."

형필은 조용히 듣고 있었습니다.

"특히 우리 문화재에는 세계적인 안목으로 보아도 그 뛰어남을 인정받을

수 있는 훌륭한 작품들이 많이 있다네."

위창은 가볍게 한숨을 쉬고 나서 이야기를 계속했습니다.

"가슴 아픈 일은, 우리 문화재들이 일본인의 손으로 자꾸만 넘어가고 있다는 것일세."

"넘어가지 못하도록 막아야지요."

형필은 자신도 모르게 힘이 실린 어조로 말을 꺼냈습니다.

위창은 눈을 지그시 감으며 고개를 끄덕였습니다.

"맞는 말이야. 절대로 넘겨서는 안 되지. 하지만 그것은 열정만으로 되는 일이 아니라네."

잠시 침묵이 흐른 뒤, 노학자는 말을 이었습니다.

"우리 문화재를 지키는 일은 그 일에 생애를 바치겠다는 굳건한 뜻이 있어야 하네. 아니, 그 뜻만큼 중요한 것이 능력이야. 우리 문화재를 닥치는 대로 사들이는 일본인 수장가들과 맞설 수 있는 힘이 있어야 한다는 말일세."

그날, 위창의 집을 나왔을 때, 형필의 가슴 깊은 곳에는 어느덧 우리 문화유산에 대한 애정이 용솟음치고 있었습니다. 그와 함께 운명처럼 자기가 걸어야 할 길을 보았습니다. 그것은 망망대해를 표류하던 배가 등대의 불빛을 발견했을 때의 기쁨과도 같은 것이었습니다.

그해 겨울 방학의 만남을 인연으로, 이후 형필은 위창을 스승으로 모시고 글씨와 그림을 배우게 되었습니다. 그런가 하면 위창을 통해서 추사 김정희 이래로 전해 내려오는 고증학을 익혔고, 옛 서화와 골동품을 보는 안목을 길렀습니다. 이는 우리 문화재의 지킴이로 나서겠다는 뜻을 세운 형필에게 있어 무엇보다도 중요한 수업이었습니다.

위창 또한 희망과 열정이 넘치는 이 믿음직스러운 젊은이가 대견하기만 했습니다. 그래서 그는 손자뻘인 형필에게 자신이 가진 지식 전부를 아낌없이 물려 주고자 애썼습니다.

그 무렵 어느 날, 형필은 스승에게 고백했습니다.

"선생님은 제 평생의 은인이십니다."

"은인이라니?"

"이 나라와 민족을 위해서 진정 제가 할 일이 무엇인가를 깨우쳐 주셨습니다."

"전 군, 자네에게 큰 짐을 지운 나를 그렇게 생각해 주니 참으로 고맙네."

뜨거운 진심이 깃든 형필의 말에, 노학자 위창은 눈물을 흘렸습니다. 스승의 눈물 앞에서 형필의 목소리도 젖어 갔습니다.

"선생님, 제가 감당할 수 있는 짐이라면 어깨가 부서지는 한이 있더라도 지겠습니다. 선생님께서 제가 똑바로 걸어갈 수 있도록 인도해 주십시오."

이렇게 해서 위창과 형필 사이에는 스승과 제자를 뛰어넘는 신뢰가 끈끈하게 이어졌습니다.

형필이 간송이라는 호를 쓰기 시작한 것도 이 무렵으로 보입니다. 또한 기록에 의하면 형필은 간송 외에도 옥정연재라는 호를 쓰기도 했습니다.

아궁이에서 찾아 낸 해악전신첩

간송 전형필이 위창을 만난 인연으로 문화재 수호의 뜻을 세울 무렵, 간송의 가정에는 또 한 번의 슬픔이 찾아왔습니다.

홀로 되었던 형수가 세상을 떠나고, 이듬해에는 아버지마저 세상을 떠났던 것입니다. 이렇게 해서 어른이라고는 어머니 하나 남은 적막한 집안에서, 간송은 친가와 양가의 십만 석 재산을 한몸에 상속받은 청년 가장이 되었습니다.

그때까지 형필은 집안이 부유하다고 해서 돈을 함부로 쓴 일이 없었습니다. 그것은 어려서부터 돈에 대해 남달리 엄격한 교육을 받았기 때문입니다.

형필의 집안 어른들은 돈을 써야 할 곳에는 아까워하지 않되, 허튼 곳에는 한 푼도 쓰지 않음으로써 큰 재산을 경영하는 사람의 자세를 몸소 보여 주었던 것입니다.

대학을 졸업하고 귀국한 형필은 본격적으로 문화재 공부와 수집에 몰두

했습니다.

 간송은 주로 옛 글씨나 그림, 그리고 서적을 모아들였는데, 자신이 모은 서화와 서적을 위창에게 보여 감정을 받는 일이 잦았습니다. 그의 뒤에 당대 최고의 감식안*을 지닌 위창이 있다는 것은 든든하기 이를 데 없는 일이었습니다.

 그 무렵에 간송은 아주 소중한 두 사람과 인연을 맺게 됩니다. 한 사람은 의학도 김승현이었는데, 간송은 그의 집안이 어렵다는 것을 알고 학비를 대게 되었습니다.

 또 한 사람은 위창의 소개로 알게 된 이순황이었습니다. 김승현은 간송보다 세 살 아래였고 이순황은 간송보다 나이가 위였는데, 이 두 사람은 간송이 평생 형제처럼 믿고 의지했던 사람들입니다. 특히 이순황은 이때부터 평생 동안 간송의 곁에서 집사**처럼 성실하게 움직여 준 사람입니다.

 1934년 7월에 간송은 경기도 고양군 숭인면 성북리에 있는 양옥과 그 주변의 땅 만여 평을 사들였습니다. '북단장'이라 이름 붙인 이 집은 그가 수집한 문화재들을 보관하고, 민족 문화재를 연구하는 장소이기도 했습니다.

 이순황과 몇몇 사람을 거간으로 삼아 간송이 고서화와 서적의 수집에 힘을 기울이는 동안, 그의 이름은 고서화 수장가들 사이에서 서서히 알려지고 있었습니다.

* 감식안 감정하여 진짜와 가짜, 연대 등을 알아낼 수 있는 능력을 말함.
** 집사 주인 집의 일을 돌보아 주는 사람.

골동상점들이 모여 있는 인사동에 자주 나가곤 하던 무렵, 어느 날 간송은 몇몇 친구와 함께 저녁 식사를 하게 되었습니다.

그날, 한 친구가 뜻밖의 제안을 했습니다.

"이보게 간송, 이 나라의 고미술품에 대한 자네의 열정이 존경스러우이."

"무슨 과찬의 말씀을 하시는가?"

"그런데 그렇게 발로 뛰는 데는 한계가 있을 것이네. 좀 더 합리적이고 경제적인 방법을 써 보지 그러나?"

"합리적이고 경제적인 방법이라?"

"믿을 만한 사람을 앞세워서 아예 골동상점을 경영하는 거야. 거래에 밝은 전문가들의 협력을 받아서 물건을 수집하는 게 아무래도 쉽지 않겠나?"

순간, 간송의 눈이 반짝 빛났습니다. 간송으로서는 미처 생각하지 못한 방법이었습니다.

"그러니까 자네를 대신할 수 있는 사람을 창구로 내세우고, 자네는 그 창구 뒤에서 그림자처럼 움직이는 거야."

이 일을 위창과 의논한 간송은 마땅한 장소를 물색했습니다.

때마침 관훈동의 유명한 고서적 점포인 한남서림이 새 주인을 찾는다는 소문이 들렸습니다. 한남서림은 조선 말기에 세워진 우리나라에서 가장 오래 된 서점 중의 하나였는데, 주인이 세상을 떠나자 후손들이 가게를 넘기게 된 것이었습니다.

간송에게는 안성맞춤으로 일이 풀린 셈이었습니다.

한남서림의 인수와 운영에 있어서 누구보다도 공이 큰 사람은 이순황이 었습니다. 그는 처음부터 끝까지 간송의 뜻을 누구보다도 잘 이해하고, 발 빠르게 움직여 준 사람이었습니다.

이후 간송은 정직하고 성실한 이순황에게 한남서림을 맡기고 이곳을 통해서 수많은 문화재를 모았습니다.

겸재 정선˙의 화첩˙˙ '해악전신첩'˙˙˙도 그곳을 통해 얻은 명품 중의 하나였습니다.

당시 골동상인들 중에는 전국 방방곡곡을 돌아다니며 묻혀 있는 고서화나 자기 등을 수집하는 사람들이 있었습니다. 대개 점포를 차릴 만한 재력이 없는 젊은 사람들이 그쪽 분야에서 열심히 뛰었습니다. 그들은 나름대로 옛것을 볼 줄 아는 눈을 갖췄기에, 의외로 그들을 통해 발견되는 명품이 종종 있었습니다.

그 사람들은 시골 어느 고을에 들르면, 일단 예전에 벼슬을 했음직한 집을 찾아갑니다. 주인과 안면을 트고 집안의 골동품을 살펴보다가, 가치 있는 물건을 발견하면 그 자리에서 물건을 사는 것입니다. 부르는 금액을 감당할 수 없을 때는 정보만으로 골동상점이나 수집가를 찾아가서 이러저러

˙정선 (1676~1759) 호는 겸재. 조선 후기의 화가. 우리 강산의 아름다움을 우리 고유의 화법으로 표현한 '진경산수화풍'을 창안하였다.
˙˙화첩 그림을 모아 엮은 책. 화집.
˙˙˙해악전신첩 모두 50폭으로 꾸며진 화첩으로 정선의 나이 72세에 완성되었다. 금강산을 중심으로 그린 그림이 21폭이며 한가운데에 양면에 걸쳐 「금강내산」이 있다.

풍악내산총람
정선, 비단에 채색, 73.8×100.8cm, 해악전신첩 중에서

단발령망금강 정선, 비단에 채색, 24.4×32.2cm, 해악전신첩 중에서

장안사비홍교 정선, 비단에 채색, 24.8×32.0cm, 해악전신첩 중에서

한 물건을 보아 두었는데 살 뜻이 있는가를 확인하고 돈을 빌려서 그 물건을 사 오기도 합니다.

나이 30대 초반의 장형수도 그런 젊은이 중 하나였습니다.

어느 날, 장형수는 한남서림에 불쑥 들어와서 말했습니다.

"귀한 물건이 있소. 겸재 그림인데……. 사람을 좀 알아봐 주시오."

진경산수화˙의 대가인 겸재 정선의 그림이라는 말에, 이순황은 귀가 번쩍 띄었습니다.

˙**진경산수화** 우리 풍경을 사실 그대로 그리는 산수화. 정선에 의해 창안되었으며 특히 금강산과 서울 주변, 동해안, 단양팔경을 소재로 삼은 것이 많다. 정선은 주역의 근본인 음양 조화와 음양 대비의 원리를 이끌어 화면 구성 원리를 삼고, 흑산(음)과 바위산(양)이 어우러진 우리 산천의 독특한 아름다움을 표현해냈다. 이는 우리에게만 있는 고유 화풍이다.

"겸재 그림이라…… 그래, 몇 폭이오?"

"화첩이오. 그림이 스물 한 폭인데, 한가운데는 양면에 걸쳐 금강산 그림이 있어요. 게다가 그림마다 화제˚가 붙어 있으니, 총 마흔 두 폭이지요."

큰 물건을 찾았다고 생각한 이순황은 넌지시 일렀습니다.

"장 형, 내가 소개하고 싶은 분이 있으니, 나와 함께 그 분을 만나시지요."

그때까지 이순황을 한남서림의 주인으로 알고 있었던 장형수는 처음으로 간송을 만나게 되었습니다. 그 자리에서 그는 겸재 화첩을 찾아낸 과정을 자세히 설명했습니다.

"경기도 용인군 양지면 일대를 더듬고 있었지요. 사람들이 친일파의 집이라고 손가락질하는 송병준의 집을 구경하게 되었어요. 커다란 기와집을 기웃거리고 있자니 젊은 주인이 말을 타고 나타나더군요. 누구냐고 하기에, 그냥 집 구경을 한다고 했더니 뜻밖에 안으로 들어가자고 하는 거예요."

장형수는 그 젊은 주인과 이런저런 이야기를 나누다가, 자기가 하는 일을 털어놓고 뭔가 보여 줄 것이 없는지 물었습니다.

주인은 벽장 속에 있던 여러 가지 물건들을 보여 주었습니다. 오원 장승업의 산수화 병풍, 고려자기 향합, 금동불상 등 눈에 확 띄는 물건이 여럿 있었지만, 주인이 팔려고 하지 않았습니다.

마침 해가 저물어, 장형수는 사랑채에서 하룻밤 신세를 지기로 했습니

●화제 그림의 제목.

금강내산 정선, 비단에 채색, 49.5×32.5cm, 조선 후기, 해악전신첩 중에서

금강산 일만이천 봉의 웅장함을 섬세한 필치로 화폭에 담아 낸 그림이다. 그 당시에는 신선도 등 실제로 존재하지 않는 상상의 그림을 그리곤 했고, 가끔 산천을 그리더라도 중국의 화풍으로 조선의 경치를 그리는 것이 고작이었다. 그러나 정선은 여행을 즐겨 전국의 명승을 찾아다니며 그림을 그렸는데 30세를 전후하여 우리 산천을 소재로 독창적인 그림을 그렸다.

다. 뒷간을 다녀오는 길에 장형수는 우연히 그 집 머슴이 사랑채에 군불을 때는 것을 보았습니다.

여기까지 얘기한 장형수는 숨을 돌리며 말했습니다.

"그런데 이 머슴이 무슨 문서 뭉치를 마구 아궁이에 넣고 있는 거예요. 혹시나 싶어서 가까이 가서 들여다보니, 쪽빛 비단으로 꾸민 책 하나가 눈에 띄는 게 아니겠어요? 아마 머슴이 못 쓰는 종이 뭉치를 불쏘시개로 가지고 나올 때 잘못해서 섞여 나왔던 모양입니다. 재빨리 집어서 펼쳐 보니 그게 바로 이 화첩이었습니다."

"한 발짝만 늦었어도 이 귀한 화첩이 영원히 불타 버리고 말았겠군요."

"그러게 말입니다. 그걸 들고 주인에게 가서 보이며 조금 전 위기일발의 일을 이야기했지요. 주인은 그저 덤덤하게 그런 일이 있었느냐는 투예요. 그래서 기왕에 불타 없어질 뻔했던 것이니 내게 팔라고 했더니 순순히 건네주더군요."

장형수는 그 그림을 20원에 샀다는 말은 하지 않았습니다.

"잘 하셨소. 수고가 많았소이다."

간송은 이순황에게 그림에 값하는 만큼의 대가를 지불하도록 일렀습니다.

사실 골동품이란 정해진 값이 있는 것이 아니었습니다. 따라서 대단한 물건이 헐값에 거래되는 일도 있었습니다. 특히 물건의 주인이 그 값어치를 잘 모를 때는 좋은 물건이 길에서 줍듯이 들어오는 경우도 있었습니다.

그러나 간송은 가치 있는 고미술품을 구입할 때 금액을 깎으려 하지 않

단오풍정(단오날의 풍치 있는 정경), 국보 제135호, 신윤복, 종이에 엷은 채색, 35.6×28.2cm, 혜원전신첩 중에서
음력 5월 5일은 신라시대부터 큰 명절의 하나로 지켜 온 단오이다.
단오에는 남자들은 씨름을 하고, 여자들은 창포물에 머리 감고 그네를 뛰었다.
개구쟁이들이 단오날 그네타기 놀이를 나온 여인들이 냇물에 몸을 씻는 것을 바위 틈에 숨어 엿보고 있다.

았습니다. 설사 주인이 그 가치를 잘 몰라서 싼 값을 부른 경우에도, 간송은 말없이 주인이 원하는 값의 두세 배의 대금을 지불하곤 했습니다.

문화재를 대하는 자세가 이러하다 보니, 사람들은 좋은 물건을 구하면 앞다투어 간송에게 먼저 보이려 했습니다. 우리나라의 수많은 일급 문화재들을 간송이 찾아 모을 수 있었던 것은 그의 이러한 면모에서 그 원인을 찾을 수 있을 것입니다.

간송이 한남서림을 통해서 찾아낸 문화 유물은 헤아릴 수 없을 만큼 많았습니다. 추사 김정희, 겸재 정선, 단원 김홍도, 혜원 신윤복, 오원 장승업 등 조선시대를 대표하는 작가들의 수많은 작품들은 물론, 고려시대와 조선시대의 뛰어난 자기들을 수집해 들였던 것입니다.

1936년, 간송은 조선시대 풍속화의 대가인 혜원 신윤복*의 화첩, 『혜원전신첩(국보 135호)』을 찾아냈습니다. 신윤복의 생생한 풍속도 30폭이 담긴 화첩이었습니다.

냇가에서 머리 감는 여인을 훔쳐보는 악동들의 장난기 넘치는 눈빛을 비롯해, 그림마다 해학이 넘치는 풍속도였습니다.

그 화첩은 당시 일본인 거상 토미타의 손에 넘어가 있었습니다. 그는 화첩의 그림을 사진으로 찍어 담뱃갑 포장지에 넣었는데, 수많은 사람이 감

•신윤복 (1758~?) 호는 혜원. 김홍도와 함께 조선시대를 대표하는 풍속 화가. 진경시대를 빛낸 대표적인 화가.

상하면서 화첩의 가치는 천장을 모를 정도로 올라가 있었습니다.

간송은 그 화첩을 찾기 위해 몇 년의 세월을 공들였습니다. 그리하여 마침내 『혜원전신첩』을 일본인 손에서 되찾아 왔을 때, 위창을 비롯한 원로 대가들은 마치 어린애처럼 기뻐하며 환호성을 질렀습니다.

우리 문화재를 지키려는 간송의 이런 열정이야말로, 모리 고이치 은행장의 유물 경매에서 일본인 부호를 꺾을 수 있었던 힘이었습니다.

경성미술구락부에서 있었던 그 숨막혔던 경매 장면을 지켜본 고미술계 사람들의 충격은 쉽게 가시지 않았습니다. 게다가 야마나카와 대적했던 실제 인물이 30세의 젊은 청년 전형필이라는 것을 알고 사람들은 다시 한 번 탄성을 질렀습니다.

"그 사람이 바로 일본 사람이 갖고 있던 우리 천학매병을 되찾아 냈다는 그 대단한 인물이 아닌가?"

"과연, 대단한 사람일세그려."

입에서 입으로 전해지던 천학매병의 소문을 이미 들었던 사람들은 경성미술구락부에서 일본 거상과 한판 승부를 벌여 우리 도자기를 찾아낸 간송을 잊을 수 없게 되었습니다.

쌍검대무(쌍검으로 마주 보고 춤추다)
국보 제135호, 신윤복, 종이에 엷은 채색,
35.6×28.2cm, 혜원전신첩 중에서
세력 있는 양반이 기생들과
악공들의 춤과 노래를 즐기고 있다.

월하정인(달빛 아래 정든 사람들)
신윤복, 종이에 엷은 채색,
35.6×28.2cm, 혜원전신첩 중에서
초승달이 떠있는 밤에 등불을 든
선비와 쓰개치마를 둘러 쓴 여인이
담모퉁이를 돌아가고 있다.

미인도
신윤복, 비단에 채색, 45.5×114.0cm
저고리가 짧고 폭이 넓은 치마를 입고 트레머리를 한
고운 여인의 모습.

군연롱춘(뭇 제비가 봄을 희롱하다)
장승업, 비단에 채색, 31×74.9cm
살구꽃, 버드나무, 제비를 어울리게 그려 과거에 급제하기를 바라는 마음을 담았다.

죽원양계(대밭의 병아리 일가)
장승업, 비단에 채색, 31×74.9cm
닭과 병아리는 가족의 화목을 상징한다.

마상청앵 (말 위에서 꾀꼬리 소리 듣다)
김홍도, 종이에 엷은 채색, 52.0×117.2cm
젊은 선비가 봄을 찾아 나섰다가 길가 버드나무 위에서
꾀꼬리 한 쌍이 노래하는 것에 넋을 빼앗긴 장면을 그린 그림.
김홍도는 당시 조선 왕조 사회의 생활상을 사실적으로 그려낸
풍속화가로 겸재 정선과 함께 진경시대를 대표하는 화가이다.

낭원투도 (낭원에서 복숭아를 훔치다)
김홍도, 종이에 엷은 채색, 49.8×102.1cm
3천 갑자(18만년)를 산다는 동방삭이라는 신선이 중국의 곤륜산에
있다는 선녀 서왕모의 과수원에서 복숭아를 훔쳐 오는 장면이다.
이 복숭아 한 개를 먹으면 1천 갑자를 산다고 해서 수많은 무리들이
복숭아를 훔치려 하지만 서왕모의 엄격한 경계 때문에 실패하고
마는데, 동방삭만은 세 번씩이나 복숭아를 훔쳐 먹었다고 한다.

천 마리 학이 난다!

  1935년, 서울 필동에 사는 일본인 골동상인 마에다 사이이치로는 흡족한 미소를 띤 채 고려청자 매병 하나를 조심스럽게 감상하고 있었습니다.
  조그만 주둥이 바로 밑에서부터 풍만하게 부풀었다가 좁아들면서 흘러내리는 어깨선과 허리선이 유난히 아름다운 높이 42cm의 매병.
  매병의 맑고 푸른 바탕에는 이중으로 상감*된 흑백의 동그라미 마흔여섯 개가 병 전체에 조화롭게 배치되어 있었습니다. 그 동그라미 안에는 구름 사이를 뚫고 날아오르는 마흔여섯 마리의 학이 그려져 있고, 또한 원과 원 사이에는 흐르는 구름을 뚫고 날아내리는 학들이 그려져 있었습니다.
  마에다는 황홀한 듯한 눈빛으로 병의 몸체를 천천히 돌리면서 바라보았

---

* 상감 도자기 표면에 여러 가지 무늬를 파서 그 안을 다른 재료를 채우는 일.

습니다. 매병에 그려진 학은 모두 예순아홉 마리였습니다. 그러나 커다란 병의 몸체를 돌리면서 보면 날아오르고 날아내리는 학이 끝없이 뒤따르는 듯하여 마치 수백 마리의 학이 구름 사이로 날갯짓하는 듯했습니다.

"오, 과연 명품이로다! 마치 신이 만든 것처럼 완벽하구나!"

마에다는 최고의 명품을 손에 넣었다는 기쁨에 흥분하여 중얼거렸습니다.

"천 마리 학이 푸른 하늘을 나는 듯하지 않은가?"

매병의 몸체를 지그시 바라보던 그의 눈이 빛났습니다.

"천 마리의 학이 그려진 매병이라……. 천학매병! 그래, 이름을 천학매병이라고 해야겠군. 물건에 걸맞은 이름이야."

이 매병은 원래 개성 근처의 어느 산에 묻혀 있다가 도굴꾼의 손에 발굴된 것이었는데, 발굴되기가 무섭게 어느 거간의 손에 넘겨졌습니다.

그 거간은 자기의 단골 손님이었던 일본인 수장가에게 물건을 팔기 위해 대구로 내려갔습니다. 그런데 공교롭게도 그의 단골 손님은 일본으로 떠난 뒤였습니다.

임자를 미리 점찍어 두었다가 허탕을 치게 된 그는 대구에서 치과의원을 하고 있던 신창재라는 사람에게 매병을 넘겼습니다. 치과의사이면서 골동품에 남다른 취미를 가지고 있던 신창재는 흥정에 흥정을 거듭하여 사천 원을 주고 이 물건을 사들였습니다. 고려자기 하나의 값으로는 누가 보아도 놀랄 만한 가격이었습니다.

그 후 매병은 다시 한두 사람의 손을 거쳐 필동의 골동상인 마에다에게

청자상감운학문매병
국보 제68호, 높이 42.1cm, 고려시대

넘어왔는데, 이때 이미 물건값은 두 배 가까이 뛰어올랐습니다.

마에다는 회심의 미소를 지었습니다.

"서두를 건 없지. 이런 물건은 다시 손에 넣기 힘든 명품 중의 명품이거든."

매병은 서서히 입소문이 났습니다. 실물을 본 몇몇 골동상인이 너나없이 감탄하며 가히 대적할 물건이 없는 명품이라는 것을 인정했던 것입니다.

이쯤 되자 일본 골동상인들은 물론, 조선총독부박물관에서도 이 물건을 탐냈습니다. 총독부박물관에서는 1만 원에 매병을 사겠다고 제의했으나, 마에다는 고개를 저었습니다.

보통 사람의 상상을 초월하는 큰돈을 마에다가 거절한 것은 그만큼 물건에 대한 자신감이 있었기 때문이었습니다.

그 무렵, 간송과 심보는 서로 알게 된 지 얼마 안 된 때였지만, 60대의 노인 심보는 30대에 접어든 간송에게서 한눈에 우리 문화재에 대한 남다른 열정을 읽었습니다.

그도 그럴 것이 간송은 나라를 빼앗긴 설움을 안은 채, 오로지 민족의 문화유산 수집에 온 힘을 쏟고 있던 터였습니다. 그에게 있어서 문화재를 지키는 일은 다른 사람들처럼 단순히 호사스러운 취미나 개인적인 만족감에 그치는 것이 아니었습니다. 그것은 일종의 항일투쟁이었습니다.

간송을 천학매병의 주인으로 점찍은 심보는 조심스럽게 이야기를 건넸습니다.

"대단한 명품입니다. 여러 사람이 눈독을 들이고 있지만 부르는 값이 워낙 엄청나니 군침만 삼키고 있답니다."

"……."

늘 그러하듯, 간송은 심보의 말을 조용히 듣고 있었습니다.

"총독부박물관에서 1만 원을 제시했는데, 마에다 상이 거절했답니다."

"물건을 봅시다."

간송은 짤막하게 대답한 후, 발걸음을 재촉했습니다.

마에다의 집에 도착하여 문제의 매병을 본 순간, 간송은 불꽃처럼 끓어오르는 흥분을 느꼈습니다. 그리고 그 흥분은 다시 맑고 푸른 가을 하늘을 바라보고 있을 때의 평화로움으로 바뀌는 것이었습니다.

마에다는 이렇게 나이 어린 식민지 백성이 설마 이것을 사겠느냐는 생각인 듯 좀 시큰둥한 표정이었습니다.

심보가 가격 이야기를 꺼내자, 마에다는 싸늘하게 대답했습니다.

"이런 물건에 어찌 값을 매길 수 있을까마는 거래는 거래이니…… 이만 원을 내신다면 넘겨 드리지요."

이 말에는 다분히 상대가 놀라서 돌아서는 모습을 보겠다는 뜻이 깔려 있었습니다.

"마에다 상, 너무 빡빡하게 하지 마십시오. 적당한 선에서 거래를 합시다."

심보의 흥정에, 마에다는 굳은 얼굴로 고개를 저었습니다.

"물건을 보십시오. 명품입니다. 탐내는 사람이 한둘이 아닙니다."

"그렇긴 하오만…… 흥정이란 부른 값에서 에누리를 하는 묘미가 있는

게 아니겠습니까?"

"그런 말 마십시오."

두 사람 사이에 가격을 흥정하는 말이 끈질기게 이어졌지만, 마에다는 한 걸음도 물러설 자세가 아니었습니다.

그때까지 간송은 그윽한 눈빛으로 매병을 바라보고 있을 뿐이었습니다.

이윽고 간송이 조용히 입을 열었습니다.

"이만 원을 드리겠습니다."

그 순간, 심보와 마에다의 눈이 동시에 둥그레졌습니다. 식민지 청년이라고 은근히 깔보았던 마에다는 무엇엔가 홀린 기분이었습니다. 상대가 그렇게 쉽게 이만 원이라는 거금을 내놓으리라고는 상상조차 못했던 것입니다.

한 푼의 에누리 없이 부른 금액을 다 받으면서도, 마에다는 조금도 기쁘지 않았고 오히려 가슴이 허전했습니다.

매병이 팔렸다는 것을 알고 무릎을 치며 안타까워한 사람은 명동에서 골동상점을 운영하는 아마이케 노인이었습니다. 안목이나 관록에서 엄지손가락에 꼽히던 그는 매병을 간송에게 넘긴 마에다의 장인이기도 했습니다.

그 매병의 가치를 누구보다도 날카롭게 꿰뚫었던 아마이케는 일본에 있는 몇몇 단골들에게 이 명품의 사진을 보내 놓은 상태였습니다. 일본에서 상대를 골라 거래할 야심을 갖고 있었던 것입니다.

오사카의 유명한 수집가인 무라카미가 아마이케에게 전보까지 보냈던 것입니다.

'물건을 놓치지 마시오. 일단 확보한 다음 내게 전보를 치시오.'

전보를 받은 즉시 사위에게 전화를 걸었던 아마이케는 매병이 팔렸다는 것을 알고 몹시 당황했습니다.
"정말 팔렸단 말이야? 허허, 야단났군. 오사카의 무라카미가 물건을 잡아 두라고 하는데……."
"진작 말씀을 하셨어야지요."
"그런데 대체 누가 산 거야? 그 대단한 물건을……."
"전씨라고 하는 조선 젊은이입니다. 심보가 중간에 끼였지요."

"뭐야? 조선 사람이?"

한숨을 쉬던 아마이케는 한 가닥 희망을 잡는 듯 물었습니다.

"돈을 좀 남기면 되팔지 않을까?"

"알 수 없지요. 심보에게 한번 말을 건네 보시지요."

아마이케는 곧 심보에게 그 일을 의논했습니다.

"한번 자리를 만들어 드리리다."

심보는 간송이 그 매병을 되파는 일은 없으리라는 것을 알고 있었습니다. 하지만 만에 하나 거래가 이루어진다면 거간비를 두둑이 받을 판이었고, 거래가 이루어지지 않더라도 자기가 소개한 물건이 얼마나 대단한 것인가를 다시 한 번 확인시키는 기회가 되리라는 계산이었습니다.

일본에서 건너온 무라카미는 간송의 집을 찾아와서 문제의 매병을 찬찬히 감상했습니다. 물건이 최고의 명품이라는 것을 확인하고 나니, 그는 더욱 욕심이 생겼습니다.

무라카미는 비장한 각오를 하고, 심보와 간송을 식사에 초대했습니다.

"모처럼 품에 넣으신 귀한 물건을 제게 넘겨 달라고 하는 것이 실례가 되는 줄은 아오나, 부탁드립니다. 값은 원하시는 만큼 치를 뜻이 있습니다."

간송은 빙긋이 웃을 뿐이었습니다. 이때다 싶어 옆에 있던 심보가 끼여들었습니다.

"무라카미 씨는 전 선생이 사신 값의 두 배를 제안하셨습니다."

무라카미는 초조한 얼굴로 간송의 눈치를 살폈습니다. 사실 그 값은 간송으로서도 예상치 못한 거액이었습니다. 그러나 돈 때문에 일본인에게 우리 문화재를 팔 간송이 아니었습니다.

　잠시 생각한 후, 간송은 빙긋 웃으며 입을 열었습니다.

　"무라카미 씨가 이보다 더 좋은 물건을 저한테 가져오신다면, 그때 생각해 보지요. 저 역시 값을 치르는 데는 인색하지 않은 사람입니다."

　간송의 말에 무라카미와 심보는 할 말을 잃었습니다. 그들은 온화하면서도 열정적인 이 청년에 대한 존경심으로 옷깃을 여며야 했습니다. 간송과 무라카미의 이 조용한 만남은 이후 고미술계 사람들 사이에서 심심찮은 화제가 되었습니다.

　하마터면 일본인 수장가의 손에 넘어갈 뻔한 이 매병은 훗날 고려청자의 최고품이라는 찬사 속에 '청자상감운학문매병'이라는 이름으로 국보 제68호로 지정되었습니다.

영국인, 개스비

그 무렵, 일본 도쿄에는 영국인 변호사 존 개스비라는 사람이 있었습니다. 30년 동안 도쿄에 살았던 그는 이름난 고려자기 수집가이기도 했습니다.

20대 중반의 젊은 나이에 일본에 온 개스비는 우연한 기회에 동양 자기에 관심을 갖게 되었고, 곧 이어 고려자기에 푹 빠지고 말았습니다.

그는 열광적으로 고려자기 수집에 나섰습니다. 일본에서 구할 수 있는 것만을 손에 넣는 것에 만족하지 못한 그는 가끔 우리나라를 방문했습니다. 서울뿐만 아니라 부산이나 광주 등 지방의 골동상점까지 돌아다니며 좋은 물건을 사 가곤 했습니다.

"유럽에서도 일본에서도 여러 자기들을 보았지만, 고려자기만한 명품은 없습니다. 고려자기의 빛과 형태는 참으로 신비로운 아름다움을 간직하고 있습니다."

그는 어느 자리에서나 고려자기에 대한 칭찬을 아끼지 않았습니다. 따라서 고미술품 수집에 관심이 있는 사람이라면 개스비의 이름을 모르는 사람이 없을 정도였습니다.

어느 해 섣달 그믐날이었습니다.

설맞이에 분주한 서울의 한 골동상점에 느닷없이 개스비가 나타났습니다.

"아니, 이런 날 웬일이시오?"

놀라는 주인에게 그는 도자기를 사러 왔노라고 말했습니다.

"전에 말했던 도자기 두 점을 얻으려고 왔습니다. '청자상감정병'과 '백자향로'라고 했던가요? 그것을 보고 싶어서 이렇게 달려왔습니다."

"아무래도 시기를 잘못 잡으셨습니다. 물건을 소장하신 분은 일본 고관이신데, 섣달 그믐날 별안간 물건을 팔라고 하는 게 예의가 아닌 것 같소이다."

그러나 개스비는 물러서지 않고 그 물건을 사게 해 달라고 보챘습니다.

"어려운 일이라는 건 잘 압니다. 하지만 그것을 얻기 위해서 일본에서부터 달려온 정성을 생각하셔서 부디 일을 성사시켜 주십시오."

"허허, 그것 참! 일이 성사될는지는 모르겠으나 일단 말은 꺼내 보지요."

골동상인은 눈이 파란 외국인의 열성에 혀를 내두르며 몸을 일으켰습니다. 결국 그 도자기 두 점을 얻어내는 데 성공한 골동상인이 정병과 향로를 내놓자, 개스비는 한동안 말을 잃었습니다.

녹회청색이 감도는 청자 정병의 부드럽게 흘러내린 목과 어깨의 선은 신비로울 만큼 아름다웠습니다. 백상감 기법으로 몸체에 새긴 버드나무가 드리워진 연못가의 풍경, 연꽃이 핀 연못에 유유히 노니는 원앙새의 모습……, 보기 드문 걸작이었습니다.

"이렇게 빙렬* 하나 없이 깨끗할 수 있다니……."

"빙렬이 없는 것은 고려 초기의 자기가 갖는 특징이지요."

또 하나의 물건인 백자 역시 고려시대의 유물이었습니다. 향로는 높이 8.5cm에 지름이 8.1cm의 조그만 공 모양이었습니다. 몸체 부분에는 밖을 향해 벌어진 세 개의 발 외에 다른 장식이 없었습니다. 뚜껑 부분 한가운데에는 별 모양의 연기 구멍이 뚫려 있고, 중간쯤에는 아기자기한 일곱 개의 바람 구멍이, 그리고 뚜껑 전체에 수많은 산들이 첩첩이 솟아 있는 형상이었습니다.

"이렇게 작은 그릇에 이토록 우람한 정신을 담을 수 있다는 것이 놀랍지 않습니까?"

개스비는 감격을 감추지 못했습니다.

"귀한 물건을 구해 주셔서 참으로 고맙습니다."

그는 골동상인에게 수고비를 두둑이 주고는 바로 일본으로 돌아갔습니다.

존 개스비는 20년 이상을 꾸준히 고려자기를 수집한 사람이었습니다. 수장량도 많았고 물건들이 하나같이 명품이라는 점에서 도자기 수집가들의 부러움을 사고 있었습니다.

간송 역시 그런 개스비의 수장품에 관심이 깊었습니다.

---

*빙렬 자기 표면에 칠한 유약에 얼음이 갈라진 모양의 무늬가 생기는 일.

청자상감유죽연로원앙문정병
국보 제66호, 높이 37cm, 고려시대

백자박산향로
보물 제238호, 높이 8.5cm, 고려시대

어느 날 골동상인들이 모인 자리에서 우연히 개스비 이야기가 나왔습니다.

"아마도 개인으로서 고려자기를 개스비만큼 갖고 있는 사람은 없을 겁니다. 양으로 보나, 물건의 품격으로 보나……."

"그가 도자기를 수집한 지는 20년이 넘었지요. 그러니 지금부터 시작해서 그를 따라간다는 건 꿈 속에서나 가능한 이야기입니다."

간송은 사람들이 나누는 이야기를 들으며 생각에 잠겼습니다.

'개스비의 수장품을 모두 찾아올 수는 없을까? 그럴 수만 있다면…… 아, 참으로 그런 기회가 온다면…….'

이렇게 꿈 같은 생각에 젖어 있던 간송의 머리에 한 가지 생각이 떠올랐습니다.

'개스비는 영국인이 아닌가? 그러니 일본에서 평생 살지는 않을 것이다. 언젠가 그가 일본을 떠난다면 그 많은 수장품을 모두 가져가지는 않을 것이다.'

간송은 그 길로 일본으로 건너가 몇몇 유력한 골동상인들을 만나서 부탁했습니다.

"만약 개스비가 수장품을 처분한다는 정보가 있으면 지체 없이 내게 연락해 주십시오."

간송이 이렇게 신신당부해 놓긴 했지만, 그것은 기약도 없는 기다림이었습니다. 그러나 기회는 준비된 사람을 찾아온다는 말이 있듯이, 간송의 준비와 기다림은 결코 헛되지 않았습니다.

기회는 준비된 사람에게 찾아온다

1936년 2월 26일, 일본에서는 심각한 변란이 일어났습니다.

일본 육군사관학교 출신의 젊은 장교들이 군대를 이끌고 수상 관저와 내각 요인의 집을 습격하여 이들을 살해하는 사건이 일어난 것입니다. 일본 역사에서 2·26 사건으로 기록하는 이 일로 인해, 이후 일본에는 군부의 조종을 받는 허수아비 내각이 들어서게 됩니다.

그해 8월, 우리나라에 새로 파견된 미나미 지로 총독은 오자마자 중국 진출의 발판을 만들기 위해 심한 강압 정책을 썼습니다.

같은 해 12월, 일제는 조선사상범보호관찰령이라는 법을 공포하여 우리 애국지사들을 닥치는 대로 체포했습니다. 또 1938년에는 초등학교 교과 과정에서 우리 국어 시간을 없애 버렸습니다. 이는 자라나는 어린이들에게서 민족 의식의 싹을 뽑아 버리려는 악랄한 정책이었습니다.

일본의 이런 강압 정책에 지식인들은 불안감을 느꼈습니다. 특히 당시 일본에 있던 서양 사람들 중에는 장차 일본이 영국이나 미국과의 전쟁을 일으킬 것을 예감한 사람들이 적지 않았습니다. 그래서 그들은 서서히 본국으로 돌아가기 위한 준비를 했습니다.

존 개스비도 그런 사람들 중의 하나였습니다.

1937년 2월, 간송은 도쿄의 골동상인이 보낸 편지 한 통을 받았습니다. 개스비가 고려자기들을 처분한다는 내용이었습니다. 순간, 간송의 가슴은 흥분과 기대로 터질 듯했습니다.

그는 마음을 진정시키고 앞뒤를 재며 생각했습니다.

'사실일까? 그는 왜 수장품을 처분하려는 걸까? 처분한다면 전부일까, 일부일까?'

간송은 즉각 답장을 썼습니다.

개스비가 물건을 처분한다는 것이 확실한 정보인지, 처분하는 물건은 전부인지 일부인지, 구체적인 일정은 어떻게 되는지 속히 알려 달라는 내용이었습니다.

며칠 후, 도쿄에서 다시 답장이 날아들었습니다.

처분 결정은 확실합니다. 물건은 일부가 아니고 전부입니다.
개스비는 물건의 처분에 관한 모든 것을 저에게 맡겼습니다.
그러니 며칠 후 제가 전보를 치면 곧 도쿄로 오시기 바랍니다.

편지를 받은 간송은 당장 도쿄로 달려가고 싶었습니다. 하지만 그 엄청난 수장품을 인수하는 일은 열정만으로 이루어지는 것이 아니었습니다. 개스비의 수장품을 넘겨받기 위한 자금을 준비하는 것이 급한 과제였습니다.

하는 수 없이 간송은 선대로부터 물려받은 공주 지방의 농장을 처분하기로 했습니다.

이때 간송의 어머니는 처음이자 단 한 번, 아들이 하는 일에 반대 의견을 냈습니다.

"이보게, 조상 대대로 내려온 땅인데 꼭 처분해야 하겠는가?"

"어머니, 걱정마십시오. 지금껏 저를 믿어 주셨듯이, 이번에도 제가 하는 일을 믿어 주십시오."

간송으로서는 불효를 저지르는 아픔을 감수할 수밖에 없었습니다. 또 워낙 급히 처분하다 보니 땅을 제값에 팔 수도 없었습니다. 그러나 그는 오로지 개스비의 수장품을 무사히 인수하는 일, 그것에만 온 신경을 집중하고 있었습니다.

며칠 후 고대하던 전보가 오자, 간송은 즉각 도쿄로 떠났습니다.

그날은 2·26 사태가 일어난 지 꼭 일 년이 되는 날이었습니다.

이튿날 아침, 일본 골동상인의 안내로 간송은 코지마치에 있는 개스비의 집을 방문했습니다. 일본 궁성의 바로 뒤쪽에 자리잡은 호화로운 저택이었습니다.

밝은 햇살이 비쳐드는 조용한 응접실에 들어서니, 진열장 안에 질서 있

게 놓여 있는 고려자기들이 간송의 시선을 사로잡았습니다.

　은은한 비취빛이 감도는 향로, 알토란처럼 깨끗한 자태를 뽐내는 향합, 흘러내린 선이 아름다운 병이며 항아리들을 정신 없이 들여다보고 있을 때, 등뒤에서 인기척이 났습니다.

　돌아보니 중년의 서양 신사가 들어와 있었습니다. 그 뒤에는 단정한 정장 차림의 집사가 대기하고 있었습니다.

　"경성에서 오신 전형필 선생이십니다."

　골동상인이 소개하자, 개스비는 조금 놀란 듯 눈을 크게 뜨고 간송을 바라보았습니다. 그도 그럴 것이 골동상인은 그의 수장품을 원하는 사람이 누구인지 밝히지 않고, 다만 어떤 수집가가 물건을 보기 위해 방문할 것이라고만 말해 두었던 것입니다.

　"아, 조선 사람이군요."

　"만나 뵙게 되어 반갑습니다."

　간송은 정중하게 인사를 했습니다. 두 사람은 따뜻한 악수를 나눴습니다.

　우리나라를 여러 번 드나들며 골동상점을 쓸고 다녔던 만큼, 개스비도 간송의 이름은 이미 알고 있었습니다. 그는 처음 만나는 젊은 신사에게 진심에서 우러나오는 친절을 보여 주었습니다.

　"고려자기에는 신비로운 아름다움이 있습니다. 나는 그동안 고려자기의 아름다움에 푹 빠져 있었습니다."

　"제 조국의 유물을 그렇게 높이 평가하고 사랑해 주시니 참으로 감사합니다."

차를 마시면서 개스비가 말했습니다.

"고려자기를 수집하면서 참으로 안타까운 점이 있었습니다. 일본 침략 이후 조선의 귀중한 유물들이 일본인들의 손에서 좌지우지된다는 점이었지요. 고미술품에 대해 제대로 된 안목이나 애정도 없는 사람들이 재력을 무기로 마구 사들이는 경우가 많았지요."

개스비는 마치 자기 조국의 문화 유산에 관해 이야기하듯 진지한 표정으로 말했습니다.

"그러던 차에 전 선생 같은 조선인이 애정을 기울여 수집하고 있다는 것을 알고 참으로 기뻤습니다."

"정말 감사합니다. 그동안 선생께서 고려자기에 기울여 주신 애정에 대해 감격할 뿐입니다. 선생의 수장품을 인수하게 되면 정성껏 보존하겠습니다."

마침내 두 사람은 물품 목록을 살피면서 차근차근 인수인계 절차를 진행했습니다.

개스비는 간송에게 수장품을 넘겨 주기 전에, 모란 무늬가 있는 청자 잔 한 개와 청자 향합 한 개만을 따로 골랐습니다.

"이 두 점만 기념으로 제가 간직하겠습니다. 나머지는 모두 넘겨 드리지요."

오랜 세월 고려자기에 쏟았던 애정의 깊이로 볼 때, 그것은 아주 소박한 욕심이었습니다.

청자압형수적
국보 제74호, 높이 8cm, 고려시대

청자원형연적
국보 제270호, 높이 10.0cm, 고려시대

청자상감포도동자문매병
보물 제286호, 높이 42.8cm, 고려시대

청자기린뉴개향로
국보 제65호, 높이 20cm, 고려시대

간송은 물건 하나하나를 확인하면서 북받치는 감격에 몸을 떨었습니다. 그중에는 개스비의 손으로 넘어갔다는 말을 듣고 안타까워하며 탄식했던 청자 정병과 백자 향로도 있었습니다. 이들이 훗날 국보로 지정된 청자상감유죽연로원앙문정병(국보 제66호)과 백자박산향로(보물제238호)입니다. 그 외에도 청자기린뉴개향로(국보 제65호)며 청자압형수적(국보 제74호) 등 간송의 눈을 번쩍 띄게 만든 물건이 여러 점 있었습니다.

청자기린뉴개향로는 높이 20cm쯤 되는 향로로 은은한 비취색이었습니다. 뚜껑 부분에는 상상의 동물인 기린이 앉아 입을 벌린 채 고개를 돌려 뒤돌아보는 모양이 섬세하게 조각되어 있었습니다. 향로 몸체에서 지펴진 향의 연기가 기린의 입을 통해서 뿜어지도록 절묘하게 만들어진 진품이었습니다.

연한 녹색의 청자압형수적은 높이 8cm의 작은 작품이었습니다. 물 위에 떠 있는 오리가 자연스럽게 꼬인 연꽃 줄기를 입에 물고 있는 모양인데, 오리 등에는 연잎과 꽃봉오리를 붙였습니다. 오리 등의 한가운데 붙어 있는 연잎에는 물을 넣는 구멍이 뚫려 있고, 그 구멍은 꽃봉오리 모양의 작은 마개를 꽂아서 덮도록 되어 있었습니다. 오리 주둥이를 통해서 물을 따르게 되어 있는 이 연적은 깃털 한 올까지도 섬세하게 조각되어 금방이라도 물 위를 유유히 헤엄칠 듯한 생동감이 느껴졌습니다.

"참으로 명품이지요?"

개스비는 오랫동안 아껴오던 물건들과 헤어지는 것이 못내 아쉬운 듯 수장품을 일일이 살펴보았습니다. 이 노신사는 간송과 오랜 친구인 듯 함께 뜰을 산책하기도 했습니다.

"뜰이 아름답습니다."

"이 뜰을 거니는 건 나의 작은 즐거움이지요. 좀 성가신 일이 있긴 합니다……."

"성가신 일이라니요?"

"보시다시피 저 너머가 일본 궁성이 아닙니까? 그쪽에서 황새들이 날아들어 우리 연못의 비단 잉어들을 쪼아 먹는단 말이지요."

"죄 없는 잉어들이 수난을 당하는군요."

이렇게 말하면서 간송은 가슴이 아팠습니다. 잉어들이 수난을 당하듯, 죄 없이 일본의 발길에 짓밟히는 조국을 생각했기 때문입니다.

개스비는 애정을 담아서 간송을 격려했습니다.

"전 선생께서는 아직 힘이 넘치는 젊은 나이니, 앞으로도 고국의 훌륭한 미술품을 많이 수집하셔서 한국 문화의 우수성을 세상에 널리 알려 주시기 바랍니다."

"고맙습니다. 꼭 그렇게 하겠습니다."

이렇게 해서 간송은 그 유명한 개스비의 수장품을 한꺼번에 인수하여 32세의 젊은 나이에 우리 문화재의 최고 명품들을 되찾는 대업을 이루었습니다.

간송이 인수한 개스비의 수장품 중에는 앞에서 이야기된 것 외에도, 청자상감포도동자문매병(보물 제286호)과 청자상감국모란당초문모자합(보물 제349호) 등 여러 점이 문화재로 지정되었습니다.

제三장

보화각에서 훈민정음까지

우리나라 최초의 사립 미술관, 보화각의 건립

조국으로 돌아온 개스비의 수장품은 무사히 북단장*으로 옮겨졌습니다.

그해 여름, 어느 날 아침이었습니다.

간송이 위창 선생 댁을 찾았습니다.

"어서 오게나, 전 군!"

위창 선생은 언제나처럼 반갑게 맞아 주었습니다. 젊은 나이에 조국의 문화유산을 지키는 일을 사명처럼 짊어지고 뛰어다니는 간송을 볼 때마다, 위창은 대견함과 감동을 누를 길이 없었습니다.

"선생님께 보여 드릴 것이 있어서 찾아뵈었습니다."

---

* 북단장 간송이 1934년 성북동의 프랑스인 집을 산 후 문화재를 수집하여 보관하고 연구하는 장소로 삼았다. 이 부근에 '선잠단지'가 있었으므로 위창은 이곳을 '북단장'이라 이름지었다.

大烹豆腐瓜薑菜
高會夫妻兒女孫

此爲村夫子第一樂上樂雖腰間斗大黃金印食前
方丈侍妾數百能享有此樂者幾人爲 書農書

七十一果

예서대련
김정희, 각 31.9×129.5cm
추사 김정희가 71세 때 쓴 예서.
추사는 그해에 세상을 떠났다.

간송은 땀을 식힐 겨를도 없이 환한 얼굴로 말했습니다.

"어디 보세."

위창은 어린아이처럼 기뻐했습니다. 간송이 밝은 얼굴로 보여 드릴 게 있다고 할 때는 예외 없이 진귀한 명품을 내놓곤 했기 때문이었습니다.

간송이 조심스럽게 펼쳐 보이는 두 폭의 족자는 추사 김정희 선생의 글씨였습니다.

"오, 추사 선생의 예서*대련**이구먼!"

"그렇습니다. 어제 이걸 찾아내고 너무나 기뻐서 잠을 이루지 못했습니다."

"참으로 좋네그려. 추사 선생의 유묵***은 언제 보아도 감동하지 않을 수가 없네."

두 눈을 반쯤 감은 모습으로 힘이 넘치는 추사 선생의 글씨를 감상하며, 위창은 연방 고개를 끄덕였습니다.

"선생님, 이 족자에도 상서를 써 주십시오."

상서란 선대의 뛰어난 작품에 대해서 후대 사람이 감정을 하고 감상을 적는 일을 말합니다. 위창 선생은 간송이 옛 서화를 구해 오면 늘 오동나무 상자에 상서를 써 주곤 했습니다.

"물론일세. 내 기꺼이 상서를 써 줌세."

---

*예서 중국 한(漢)나라 때의 옛 서체.
**대련 서로 이어지는 대구를 각각 두 폭에 써 놓은 글씨. 실내 장식용이다.
***유묵 죽은 이가 남긴 글씨나 그림.

위창은 그 자리에서 붓을 내어 서화를 보관하는 오동나무 상자 위에 한문으로 〈정축년(1937년) 초여름에 후학 오세창이 서명하다〉라고 썼습니다.

이어서 두 사람은 어수선한 시국에 관한 이야기를 나눴습니다.

"일본은 곧 중국과 전쟁을 일으킬 모양입니다."

"걱정일세. 중국과 전쟁을 한다면 틀림없이 우리나라를 병참기지로 만들 테니 말일세."

"……."

잠시 침묵하던 간송이 진지한 얼굴로 입을 열었습니다.

"선생님, 실은 오늘 제가 찾아뵌 것은 추사 선생의 글씨 때문만이 아닙니다."

위창은 의아스러운 눈으로 간송을 바라보았습니다.

"이런 시국일수록 우리 문화재 보존에 더 힘을 기울여야 한다는 생각이 듭니다."

"물론일세, 물론이야."

간송이 꺼낸 이야기는 사립 미술관 건립에 대한 계획이었습니다.

"북단장 안에 미술관을 세울 계획입니다."

"오, 전 군! 참으로 좋은 생각일세. 미술관을 건립한다는 건 문화재를 안전하게 보관하거나 전시하는 데 그치는 게 아닐세. 그렇게 함으로써 우리나라 사람들에게 민족적 자긍심을 심어 준다는 데 또한 큰 뜻이 있는 일이지."

위창 선생은 그윽한 눈으로 간송을 바라보았습니다.

"전 군! 우리가 힘이 모자라서 하지 못하는 일을 하늘이 자네에게 맡기신 게야."

간송의 손을 잡은 노학자의 눈가에는 이슬이 맺혔습니다.

바로 그 무렵, 이른바 '루거우차오 사건(노구교 사건)'이 일어났습니다.

1937년 7월 7일, 중국 베이징 교외의 루거우차오에서 일본군과 중국군이 충돌했습니다. 그리고 이 일은 중일전쟁의 발단이 되었습니다. 대대적인 전쟁이 시작되자 중국의 국민당 정부는 힘없이 밀렸습니다. 일본은 7월 말에 베이징을 점령하고, 8월 13일에 상하이로 진격했습니다.

전쟁이 확대되자 일본은 위창과 간송이 염려했던 대로 우리나라를 병참기지로 이용했습니다. 이듬해 2월에는 우리 젊은이들을 전선으로 끌어들이기 위해 조선육군특별지원병 제도를 만들었습니다.

일본은 우리 젊은이들에게 입대를 강요했고, 한편으로는 우리나라 지식인들에게 일본을 위해 입대하는 것이 애국이라는 글을 쓰도록 강요했습니다.

이 무렵에 독립 운동 단체인 '수양동우회'에서 활동하던 대표적인 문인 이광수는 일본 경찰에 체포되었다가 반 년 만에 병든 몸으로 감옥을 나왔는데, 그 이후 그는 본격적인 친일 활동을 시작했습니다. 이광수 외에도 우리나라의 많은 문인들이 절개를 굽히고 친일의 글을 발표하기 시작한 것도 이 무렵부터였습니다.

일본이 이렇게 나올수록 우리 문화 유산과 민족 정신을 수호해야 한다는 간송의 의지는 더욱 굳어졌습니다. 전쟁으로 인해 물자의 조달은 점점 힘들

보화각, 1938년

어졌지만, 간송의 치밀한 준비로 미술관 건축은 차근차근 진행되었습니다.

　미술관의 이름은 '보화각'이라고 지었습니다. 1938년 여름, 우리나라 최초의 사립 미술관인 보화각의 상량식을 치렀습니다. 상량식*에서 위창 선생은 얼굴 가득 웃음을 지었습니다.

　"오늘 이렇게 경사로운 날을 맞아 내 마음이 기쁘기 한량없네."

　당시에 이미 75세의 고령이었던 위창 선생의 기쁨은 남다른 것이었습니다. 선생은 그 기쁨을 주춧돌에 새기는 글로 남겼습니다.

　보화각을 건립하는 동안, 간송은 거의 날마다 건축 현장에 나와서 손수 작업을 감독했습니다. 계단은 대리석으로 장식했고, 전시실 바닥은 쪽나무 판자로 깔았습니다. 품위 있는 진열장도 갖췄습니다.

•상량식　건물을 지을 때 대들보를 올리는 행사.

그리하여 보화각이 그 산뜻한 위용을 드러냈을 때, 간송 자신도 감격과 기쁨을 누를 길이 없었습니다. 그것은 그의 문화적 항일 의지가 뭉쳐진 작업이었기 때문입니다.

간송은 보화각의 진열장에 소중한 자기며 서화들을 진열했습니다. 그곳에 진열하지 않은 많은 명품들은 솜을 넣은 명주천으로 정성스럽게 싼 뒤 튼튼하게 짠 오동나무 상자에 하나씩 포장하여 보관했습니다.

보화각 개관 기념일에는 사회 각층의 인사들이 모여 축하를 해 주었습니다.

"보화각은 단순히 제가 수집한 미술품이나 문화유산을 전시하기 위한 곳이 아닙니다. 저는 앞으로 이곳을 우리의 전통 문화를 연구하는 연구소로 운영하고자 합니다."

간송의 뜻깊은 취지에 모인 사람들은 더욱 감격스러워했습니다. 보화각 앞에서 기념 사진을 찍고 났을 때, 간송은 보화각 앞의 널찍한 뜰을 바라보며 이렇게 말했습니다.

"이제부터 할 일이 또 있습니다."

사람들은 기대에 찬 눈빛으로 간송의 입에서 나올 말을 기다렸습니다.

"이 땅의 석조 유물을 지키고, 일본인들이 절취해 간 석조 유물들을 되찾는 일입니다. 지금까지는 여건이 마련되지 않아서 본격적으로 하지 못했지만, 이제 잃어버린 석조 유물을 되찾아 보화각의 뜰을 채우겠습니다."

돌도 우리 것이다

우리나라에는 석불, 석탑, 석등, 부도* 등 예부터 전해지는 석조 유물들이 전국 각지에 널려 있었습니다.

그런데 일본의 식민지가 된 후 이들을 제대로 관리하지 못하는 틈을 타서, 많은 석조 유물들이 일본으로 반출되었습니다. 그 대부분은 정당한 대가를 치르지 않고 절취하다시피 한 것이었습니다.

* 부도 이름난 승려가 죽은 후, 그 유골을 안치하기 위해 세운 돌탑. 팔각당집 형태와 석종 모양이 가장 일반적이다.

경천사십층석탑
국보 제86호, 높이 13.5m, 고려말기, 경복궁

현재 경복궁에 있는 경천사십층석탑(국보 제86호)도 일본으로 불법 반출되었다가 천신만고 끝에 되돌아온 탑입니다.

일본의 침략 초기인 1906년 12월에, 일본 궁내대신 다나카 미쓰아키라는 자가 우리나라에 온 일이 있었습니다. 그는 우리나라의 명승지 여러 곳을 여행하던 중에 지금의 북한 땅인 경기도 개풍군 광덕면 부소산 중턱의 경천사 절터에서 아름다운 석탑을 발견했습니다.

높이 13.5m의 이 거대한 십층석탑은 층마다 지붕 모양과 기왓골을 표현하고, 몸체에는 부처, 보살, 인물, 화초, 용 등을 섬세하게 돋을새김한 걸작이었습니다.

서울로 돌아와서도 그 탑이 눈에 삼삼했던 다나카는 감히 그 석탑을 손에 넣고 싶다는 엄청난 생각을 하게 되었습니다.

그는 아랫사람에게 슬그머니 지시했습니다.

"조선의 고종 황제가 내게 그 석탑을 하사했다. 그러니 탑을 도쿄로 운반하도록 하라."

다나카의 명령에, 총칼로 무장한 일본 경찰을 앞세운 인부들이 부소산으로 들이닥쳤습니다. 일본인들이 탑을 헐어 내고 있다는 소문이 퍼지자, 마을 사람들은 삽이며 곡괭이를 들고 모여들었습니다.

"절대로 이 탑에 손댈 수 없다."

"우리가 죽는 한이 있어도 탑을 지킬 것이다."

사람들은 온몸으로 탑에 매달렸습니다. 그러나 일본 경찰들은 고종의 명

령이라고 거짓말을 하며 총칼로 마을 사람들을 위협했습니다. 그들은 막무가내로 석탑을 헐어 내리고 해체하고 포장했습니다.

해체된 탑은 수십 대의 달구지에 실려서 한밤중에 개성역으로 빼돌려졌다가, 인천 부두로 운반되어 도쿄로 반출되었습니다. 그것은 우리나라 황제의 이름을 팔아서 감행한 실로 야비한 문화재 약탈이었습니다.

그런데 다나카가 탑을 절취하다시피 반출했다는 소문이 돌자, 일본 안에서조차 양식 있는 사람들 사이에서 비난의 소리가 높았습니다. 초대 조선 총독 데라우치는 다나카에게 탑을 돌려 줄 것을 정식으로 요구했습니다.

"다나카가 석탑을 실어간 것은 명백한 불법 반출이다. 즉시 원래의 위치로 돌려보내라."

그러나 야욕에 눈이 어두운 다나카는 탑을 돌려보내지 않은 채 뻔뻔하게 버티며 시간을 끌었습니다.

임기가 끝난 데라우치는 제2대 총독 하세가와 요시미치에게 다나카의 석탑 문제를 넘겨 주고 떠났습니다. 요시미치는 학자와 언론을 동원해서 마침내 다나카의 굴복을 받아 냈습니다.

이렇게 해서 한 일본인의 야욕 때문에 바다를 건너갔던 경천사십층석탑은 다행히 다시 고국에 돌아왔습니다. 그러나 돌아온 탑재들의 포장을 풀어 본 사람들은 너무나 실망했습니다. 절터에서 강제로 탑을 해체하는 과정, 일본으로 건너갔다가 다시 돌아오는 과정에서 심한 상처를 입어 탑은 제 모습을 찾는 것이 불가능할 정도로 파손되었기 때문입니다.

탑재들은 고국에 돌아온 후에도 수십 년 동안 경복궁 근정전 한쪽에 돌덩이처럼 놓여 있다가, 1960년에야 현재의 모습으로 재건되었습니다.

이 밖에도 일제 강점기에 일본인들이 도적질하듯 반출해 간 우리의 석조 유물은 수없이 많았습니다.

간송은 1935년에 이미 경북 문경의 한 절터에 서 있던 오층석탑이 헐값에 팔려 일본으로 반출하기 위해 운반 중이라는 정보를 입수하고 달려가서 찾아온 일이 있었습니다. 상하의 비례가 아름다워 안정감이 느껴지는 전문경오층석탑(보물 제580호)은 보화각의 뜰에 자리잡았습니다.

석조 유물을 지키는 일 역시 발로 뛴 사람은 이순황이었습니다. 그는 간송의 지시에 따라, 여기저기 사람들을 통해 일본으로 반출되는 석조 유물이 없나 살폈습니다.

어느 날 그가 간송을 찾아왔습니다.

"급히 인천에 다녀와야겠습니다."

"무슨 일이오?"

"충청도에 있던 고려시대 부도 하나가 일본인에게 팔려서 인천항으로 갔다고 합니다."

전문경오층석탑
보물 제580호, 석탑, 높이 392cm, 고려시대

괴산외사리석조부도
보물 제579호, 부도, 높이 350cm, 고려시대

삼층석탑
서울 유형 문화재 제28호, 석탑, 높이 236cm, 고려시대

"어서 다녀오세요. 서둘러 주시지요."

간송은 두말 않고 금고에서 선뜻 현금을 꺼내 주었습니다.

이 부도는 원래 충북 괴산군 칠성면 외사리의 이름 없는 절터에 있던 것인데 일본인이 마을 사람을 매수해서 빼돌렸던 것입니다. 이순황은 이 아름다운 부도가 배에 실리기 직전 부두에 도착했습니다. 그리하여 엄청난 액수를 물어 주고 조국을 떠날 운명에 처해 있던 부도를 붙잡았습니다.

괴산외사리석조부도(보물 제579호)! 보화각 뜰에 복원된 이 부도는 팔각당 모양의 아름답고 깨끗한 형태로 아래 받침대와 중간 받침대에 화려한 연꽃 무늬가 조각된 걸작입니다.

또 한 번은 이순황이 오사카에서 고려시대의 삼층석탑이 경매된다는 정보를 손에 넣었습니다. 언제 어떻게 반출되었는지는 모르지만, 고려시대 삼층석탑이 이미 일본으로 팔려 나가 오사카 경매장에 나오게 되었던 것입니다.

이순황은 이 사실을 곧 간송에게 알렸습니다.

"이번에도 수고를 해 주셔야겠습니다."

"수고라니요, 당연히 제가 해야 할 일이지요."

"가격에 구애되지 말고, 어떤 일이 있어도 낙찰을 받도록 하시지요."

간송은 넉넉한 현금을 건네며 물건을 놓치지 말라고 신신당부했습니다.

이순황은 일본으로 건너갔습니다. 경매에서 일본의 한 재력가와 맞붙은 끝에, 그는 어렵게 석탑을 찾아 왔습니다. 조국에 돌아온 삼층석탑(서울시 유형문화재 제28호)은 보화각 뒤뜰에 조용한 안식처를 얻었습니다.

간송은 평소에 자신이 한 일들에 대해 자세한 설명을 하는 일이 없었습니다. 더욱이 그런 일을 하면서 쓴 돈의 액수를 밝히지도 않았습니다. 따라서 가까이 지내는 사람들조차도 간송이 문화재를 수호하기 위해 쓴 재산이 얼마나 되는지 자세히 알지 못했습니다.

어느 날 가까운 친구가 간송과 함께 보화각 뜰을 산책하다가 물었습니다.

"저 삼층석탑이 일본에서 돌아온 것인가?"

그러자 간송은 빙그레 웃으며 말했습니다.

"그렇다네. 일본의 재력가와 경쟁이 붙는 바람에 예상보다 높은 값에 저 탑을 손에 넣게 되었지. 그런데 막상 일본에서 실어다 놓고 보니 기대했던 만큼 가치 있는 것은 아니었네. 하지만 우리 석탑 하나를 되싣고 왔으니 그것으로 된 거지."

한 번도 보지 않은 삼층석탑을 무조건 되사오게 했던 것은 우리 민족의 문화유산에 대한 그의 애정이 얼마나 크고 깊은 것인지를 말해 주는 일입니다.

그 밖에도 간송은 서울시 유형문화재 29호, 30호인 석조팔각부도와 석조미륵불입상 등을 일본인의 손에서 구해 냈습니다. 또한 상석이며, 문인석, 무인석 등 무덤 앞에 설치해 둔 많은 석조물들이 팔려가는 것을 붙잡아서 보화각 뜰로 옮겨 왔습니다.

간송은 보화각 근처의 한옥에다 고문서를 수리하고 서화들을 표구할 수 있는 시설도 갖추었습니다.

간송이 큰 뜻을 세워 보화각을 설립한 이후, 뜻있는 사람들 사이에는 훌륭한 문화재를 보화각으로 몰아 주자는 움직임도 있었습니다.

일본은 날이 갈수록 악랄한 방법으로 우리 민족 문화의 말살 정책을 펴 나갔습니다. 우리나라 사람들을 어리석게 만들어 영원히 자신들의 식민으로 삼기 위해서 우리말과 글은 물론 한문도 가르치지 못하게 했습니다. 이러한 정책을 우민정책이라고 하는데, 우리 애국지사들은 일본의 우민정책에 치를 떨어야 했습니다.

어느 날, 위창 선생과 자리를 같이한 간송이 말했습니다.

"선생님, 요즘 우리 문화를 말살하려는 일본의 행태를 보면 울분을 금할 길이 없습니다."

"참으로 안타까운 일이지."

"우리 전통 문화를 계승할 인재를 양성할 수 없다면 모든 것이 물거품이 되고 말 것입니다."

▎석조팔각부도
서울시 유형문화재 제29호, 부도, 높이 160cm, 신라시대

▎석조미륵불입상
서울시 유형문화재 제30호, 석불, 총 높이 210cm, 고려시대

"그렇지. 이대로 세월이 흐른다면 우리 민족 정신은 점차 사라지고 말 게야."

"무엇보다도 민족 정신을 불어넣는 교육을 통해서 인재를 길러야 한다고 생각합니다."

간송이 이렇게 마음속의 울분을 털어놓으며, 인재 양성이 급한 과제라는 이야기를 한 지 얼마 지나지 않았을 때였습니다. 뜻밖에도 보성학교가 문을 닫을 위기에 처해 있다는 소문이 들려 왔습니다.

보성학교는 3·1 만세운동 때 독립선언서를 찍어낸 곳이었습니다. 가슴 한 구석에 늘 어의보통학교 3학년 때 경험했던 3·1 만세운동의 감동을 생생하게 간직하고 있었던 간송으로서는 독립운동의 본거지 역할을 했던 보성학교가 문을 닫는 것을 그대로 두고 볼 수가 없었습니다.

"보성학교를 인수할 수 있도록 학교 측과 협상해 주게나."

간송의 지시를 받은 김승현은 기꺼이 학교 쪽과 협상을 시작했습니다. 하지만 학교 측 사람들은 태도를 분명하게 하지 않고 눈치만 살폈습니다.

그런가 하면 교섭 조건을 몇 번이나 바꾸면서 비협조적인 태도를 취했습니다.

일을 추진하는 사람들이 불만을 털어놓았습니다.

"학교의 빚은 빚대로 우리에게 넘기고, 엄청난 인수대금을 요구합니다."

"이렇게 큰 투자를 할 바에야 새로 학교를 만드는 편이 나을 것입니다."

간송은 고개를 저었습니다.

"돈 때문에 민족 정신을 지닌 학교를 문 닫게 할 수는 없습니다. 학교 인수를 위해서 황해도 연백 일대의 토지를 처분했습니다. 그러니 칠판 지우개 하나, 분필 한 자루까지 다 값을 쳐서 주도록 하세요."

1940년 8월 7일, 간송은 마침내 막대한 자금을 치르고 보성학교를 인수했습니다.

그에게는 일제의 우민 정책에 항거하여 우리 후손을 교육한다는 고귀한 뜻과 함께, 우리 민족 문화를 계승할 인재를 길러 내겠다는 확고한 목적이 있었던 것입니다.

간송이 보성학교를 인수한 바로 그 즈음, 일제는 국민총력연맹이라는 단체를 조직하여 우리나라 사람이 모두 일본 천황의 신하라는 '황국신민화' 운동을 강요하는 등, 미친 듯이 날뛰고 있었습니다.

1940년 9월에 독일, 이탈리아와 군사 동맹을 맺은 일본은 마침내 제2차 세계 대전 속으로 뛰어들었습니다.

1941년 봄, 조선총독부는 사상범 예방구금령이라는 법을 공포했습니다. 그것은 아무 죄가 없이 사상이 불순할 가능성만 있어도 잡아들일 수 있게 한 터무니없는 법이었습니다.

그해 12월, 일본은 이른바 '잠자는 사자의 코털을 건드렸다'고 일컬어지는 하와이의 진주만 기습을 단행했습니다. 마침내 태평양 전쟁을 도발하여 그때까지 전쟁에 뛰어들지 않았던 미국과 영국을 전쟁으로 끌어들였던 것입니다.

전선이 넓어지면서 일본군은 무기와 식량의 부족으로 엄청난 고통을 당하게 되었습니다. 따라서 우리 국민들은 놋쇠 공출*이니 송진 공출에 시달렸습니다. 일본 순사**들은 집집마다 들이닥쳐 쇠붙이로 된 농기구는 물론 심지어 밥그릇이나 숟가락까지도 강제로 거둬 갔습니다.

한편으로는 우리 문화 말살 정책도 더욱 악랄해졌습니다.

1942년 10월, 조선어학회 사건이 일어났습니다. 일제가 우리말 교육을 금지하자, 조선어학회는 서둘러서 우리말 사전을 만드는 작업에 들어갔습니다. 일제는 이를 알고 우리말 사전 편찬을 준비하던 한글학자 33명을 잡아들였던 것입니다.

민족 의식을 불러일으키고자 사전 편찬에 관여했다는 죄목으로 학자들은 온갖 고문을 당했습니다. 또 이듬해에는 우리나라 역사를 연구하는 모임인 진단학회가 강제 해산되고, 많은 학자들이 투옥되었습니다.

●공출 일제가 전쟁에 사용할 식량 및 자원을 확보하기 위해 빼앗는 일.
●●순사 일제 시대 경찰을 일컬음.

훈민정음!

　1942년 늦여름 날, 간송은 오랜만에 한남서림에 들렀습니다. 이순황이 수시로 간송을 찾아와 이런저런 정보를 전해 준 터라 특별히 한남서림에 들러야 할 일이 있었던 것은 아니었습니다. 그런데 그날 간송의 발길은 어떤 알지 못할 힘에 이끌리듯 한남서림으로 향했습니다.

　창 밖을 보던 간송의 눈이 문득 반짝 빛났습니다. 평소에 옛 서적을 거간하기로 이름난 골동상인이 부지런한 걸음새로 한남서림 앞을 지나가고 있었습니다.

　"저 사람이……?"

　간송은 고개를 갸우뚱했습니다. 하얀 모시 두루마기의 나들이옷 차림에 서두르는 품을 눈치챈 간송은 이순황에게 급히 그 사람을 데려오라고 일렀습니다.

잠시 후에 그 사람이 이순황을 따라 한남서림으로 들어왔습니다.

"아이고, 전 선생께서 여기 나와 계신 줄 몰랐습니다."

그 사람은 들어서면서 좀 겸연쩍은 듯 인사를 했습니다. 전부터 여러 번 간송에게 옛 서적을 거간한 적이 있는 터라 두 사람은 반가이 만났습니다.

"그리 부지런히 어디를 가는 길이시오? 더위나 좀 식히고 가시구려!"

간송이 웃으며 권하자, 그 사람은 조금 머뭇거렸습니다.

"뭔가 중요한 일이라도 있으신 겁니까?"

넌지시 건네는, 그러나 날카로운 탐색이 담긴 간송의 질문에 그는 더 이상 감출 수 없다는 듯 엄청난 소식을 털어놓았습니다.

"실은 지금 경상도 안동에서 기막힌 물건이 나타났다는 정보가 들어왔습니다."

"기막힌 물건이라…… 물론 서적이겠지요?"

"예, 아주 큰 물건이지요."

"어서 이야기하시지요."

이순황이 답답하다는 듯 재촉했습니다.

"훈민정음 원본이 나타났답니다."

순간, 간송은 숨이 멎는 듯한 느낌에 천천히 깊은 숨을 내쉬었습니다.

세종대왕이 한글을 창제할 때 찍어낸 훈민정음 원본은 당시 국내에서 아직 발견되지 않은 책이었습니다. 만약 그것이 발견된 것을 알기만 하면 조선총독부가 눈에 불을 켜고 달려들 것이 뻔했습니다. 우리말 사전을 만들

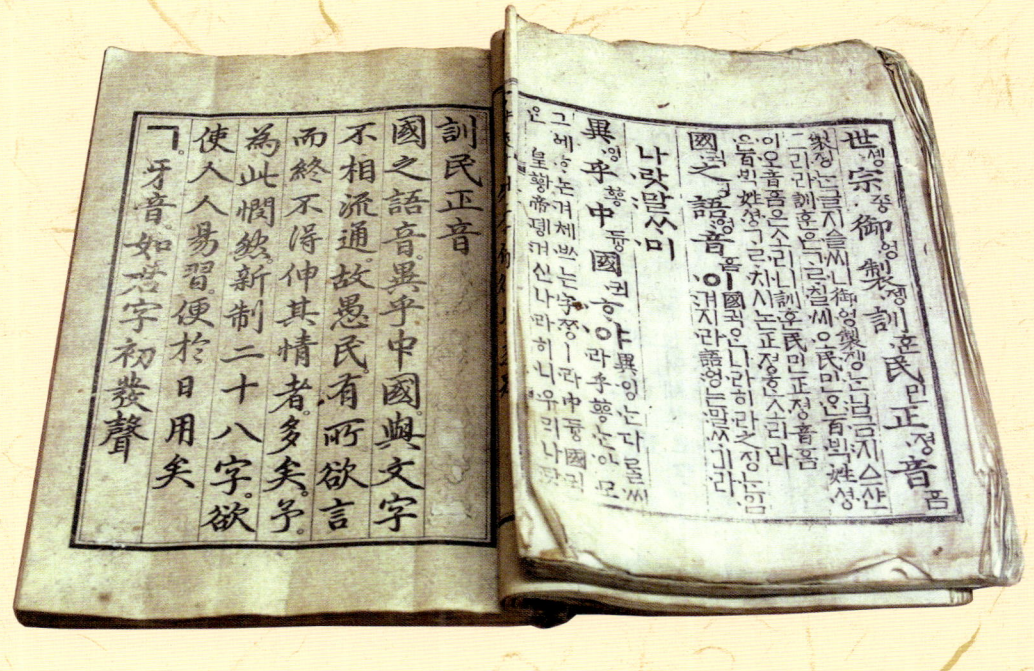

훈민정음 국보 제70호, 16.6×23.3cm, 1446년 목판본 2권 2책
세종 28년(1446) 자음 17자, 모음 11자 모두 28자를 반포할 때 찍어낸 판각 원본.
「훈민정음예의본」과 「훈민정음해례본」 2권으로 구성되어 있다.
유네스코 세계문화유산으로 지정되었다.

려 했다는 것만으로 한글학자들을 옥에 가두고 고문을 가했던 그들에게 훈민정음을 넘길 수는 없었습니다.

"책 주인이 일천 원을 불렀다고 합니다. 그래서 지금 돈을 구하러 가는 길이었습니다."

간송은 그 사람의 손을 잡고 천천히 말했습니다.

"나와 여러 번 거래를 해봐서 아시겠지만, 물건은 제값을 주고 사야지요."

간송은 그 자리에서 이순황에게 돈 일만 일천 원을 준비하라고 일렀습니다. 그리고 그 돈을 선뜻 거간에게 건네며 말했습니다.

"책 주인에게 일만 원을 전하세요. 그리고 일천 원은 수고비로 받으십시오."

그 사람은 놀라서 입을 다물지 못했습니다. 간송의 덕망과 인품을 일찍부터 알고는 있었지만, 그렇게 큰 돈을 내놓는 것에 또 한 번 감복하지 않을 수 없었던 것입니다.

이렇게 해서 귀하디 귀한 훈민정음(국보 제70호) 원본을 간송이 소장하게 된 것입니다.

간송이 그 큰 돈을 선뜻 투자할 수 있었던 것은 훈민정음의 가치를 누구보다도 잘 알고 있었기 때문입니다.

그로부터 10여 년 뒤인 1956년에 고서점 통문관에서는 한글의 기원과 훈민정음을 해석한 학자들의 책을 출판하게 되었습니다. 그때 통문관 사장은 훈민정음의 원본을 사진으로 찍어서 영인본*으로 출판하고 싶었습니다.

영인본을 만들기 위해서는 아무리 귀중한 책이라도 사진을 찍기 위해 원본을 낱장으로 해체할 수밖에 없었습니다. 촬영 담당자나 인쇄 담당자들의 손에서 그 작업이 진행되는 도중 자칫하면 책을 버리게 되는 일도 있었습니다. 따라서 귀중한 옛 책일수록 해체를 결정하기가 쉽지 않은 일이었습니다.

통문관 사장 이겸로는 거절당할 각오를 하고 간송을 찾아가 어렵게 말을 꺼냈습니다. 그런데 간송은 의외로 쉽게 허락을 했습니다.

"그렇게 하시지요. 귀중한 책일수록 필요한 사람들이 손쉽게 보고 공부할 수 있어야지요."

통문관 사장은 마음 속으로 고개를 끄덕였습니다.

'영인본 출간의 의미와 가치를 누구보다도 잘 아는 분이시기에 쉽게 허락을 하시는구나!'

그런데 의외로 쉽게 허락하는 것을 보고 놀랐던 이겸로는 이후의 간송의 태도에 다시 한번 놀라야 했습니다.

책을 해체해서 사진을 찍기로 한 날이 되자, 간송은 훈민정음을 보자기에 싸들고 직접 인쇄소에 나타났던 것입니다.

"저희에게 넘겨 주시지요. 아무래도 저희가 작업을 하는 것이 더 빠를 겁니다."

담당자들이 제안을 했지만, 간송은 고개를 저었습니다.

• 영인본 원본을 사진으로 찍어서 복제한 책.

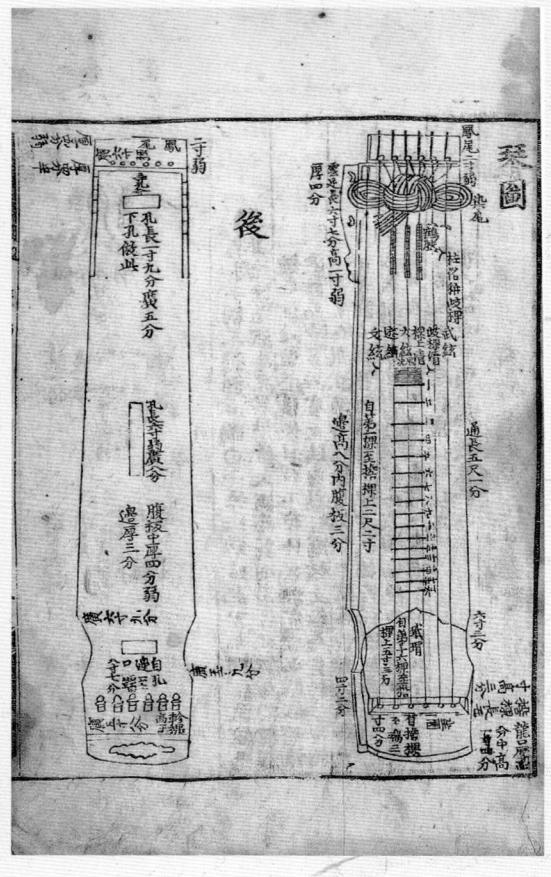

동국정운
국보 제71호, 15.8×23.4cm, 1448년, 6권 6책
세종 때 신숙주, 최항, 박팽년, 강희안 등이 왕명으로 편찬하였다. 당시 정리되어 있지 않던 한자음을 바로 잡아 통일된 표준음을 정하려는 목적으로 편찬되었다.

금보
보물 제283호, 21.3×28.3cm, 1572년
조선시대 국악 악보로서 현재 전해지는 유일한 거문고 악보이다.

"못 믿어서 그러는 것은 아니오. 하지만 이 책의 해체 작업은 내가 하리다."

간송은 정성을 다해서 책을 묶은 끈을 풀러, 손수 한 장씩 책장을 해체해 나갔습니다. 마치 책갈피 사이에 끼여 있는 먼지 한 조각조차 소중해하는 듯한 모습이었습니다.

그날 사진 촬영은 생각보다 시간이 많이 걸렸습니다.

"하루에 끝낼 수 없으니, 내일 하루 더 작업을 해야겠습니다."

"그렇게 합시다."

간송은 밤늦은 시간에 작업하던 책을 모두 다시 싸들고 집으로 돌아갔습니다. 그리고 다음 날 다시 나와서 변함 없는 태도로 촬영 작업을 지켜보았던 것입니다.

제2차 세계 대전이 막바지로 접어들고 사회가 점점 흉흉해지던 그 무렵, 간송은 돈을 아끼지 않고 몇 권의 귀중한 옛 서적을 더 사들였습니다. 세종 때 발간한 동국정운(국보 제71호)과 거문고의 악보를 적은 책인 금보(보물 제283호) 등이 그것이었습니다. 이들 역시 당시에는 물론 오늘날에도 귀중한 서적입니다.

제四장

또 한 번의 위기를 넘기며

짧은 평화

1945년 여름에 접어들면서 전세는 눈에 띄게 바뀌었습니다.

패색이 완연해진 일본은 몸둘 바를 모르는 처지였습니다. 물론 일반 국민들은 이런 상황을 까맣게 몰랐습니다. 그러나 주요 사회 인사들 사이에서는 일본의 패배 소식이 암암리에 퍼지고 있었습니다.

8월, 연합군은 마침내 일본의 히로시마와 나가사키에 원자 폭탄을 떨어뜨렸습니다. 이 엄청난 소식을 접한 우리나라 지식인들은 손에 땀을 쥐고 다가오는 해방의 날을 기다렸습니다.

"우리나라의 독립이 가까이 온 듯하네."

"그게 정말인가?"

"아베 총독이 송진우 씨에게 정권을 인수하겠느냐고 의사를 물어 왔다는 말이 있네."

"아베 총독이 직접 그리했다던가?"

"총독부 정무총감 엔도를 앞세워서 협상을 해 온 모양이야. 그런데 송진우씨는 그 자리에서 단박 거절을 했다는 게야."

"거절을?"

"그렇다네. 송진우 씨는 정권 인수를 거절하는 세 가지 이유를 들었다네. 첫째, 전쟁에 진 일본은 한국에 정권을 인계할 자격이 없다. 둘째, 연합군에게 항복한 일본에게서 정권을 인수한 정부는 정통성이 없다. 셋째, 우리는 중국에 있는 대한민국 임시정부의 귀국을 기다려 그 결정에 따라 행동을 통일할 것이다. 이렇게 말했다는 게야. 이 얼마나 통쾌한 일인가?"

"정말 대단한 사람일세. 아, 조국이 해방된다고 생각하니 가슴이 벅차오는군."

해방의 그날을 목마르게 기다리고 있던 사람들은 이런 소식에 감격하여 눈시울이 뜨거워지기도 했습니다.

소문은 사실이었습니다. 원자 폭탄이 떨어지고 일본의 패배가 확실해졌을 때, 조선 총독 아베는 일본에 협력할 우리나라 인사를 물색했습니다. 일본이 항복한 후에 이 땅에 와 있는 일본인들에게 일어날 수 있는 여러 가지 문제들을 원만하게 해결하기 위해서였습니다.

아베는 폐간된 동아일보를 중심으로 뭉친 민족주의자들을 대표하는 송진우를 적임자로 찍었습니다. 그러나 송진우는 그의 요청을 한번에 거절했던 것입니다. 다급해진 정무총감 엔도는 여운형에게 정권 인수를 제안했고, 여운형은 이를 수락했습니다.

1945년 8월 15일 정오. 라디오에서 마침내 항복 조서를 낭독하는 일본 천황의 떨리는 음성이 들렸습니다.

거리 여기저기로 젊은이들이 뛰쳐나왔습니다. 손에 손에 태극기를 쥔 젊은이들은 목이 터져라 외쳤습니다.

"일본이 항복을 했다!"

"우리나라가 해방되었다!"

일본이 항복했다는 소식은 끝없는 파도처럼 퍼져 나갔습니다. 그리고 순식간에 온 거리는 밖으로 뛰어나온 사람들로 물결을 이루었습니다.

"대한독립만세!"

"대한독립만세!"

온 국민이 기쁨에 겨워 뛰었습니다.

간송 일가도 해방의 감격에 몸을 떨었습니다. 간송에게는 할 일이 너무나 많았습니다. 그는 이순황을 비롯해 주변의 믿을 만한 사람들을 놓아, 일본인들이 소장하고 있던 문화재급 골동품과 서화들을 거둬들이게 했습니다.

"단 한 점의 자기, 단 한 권의 책도 일본인들의 손에 남겨 주어선 안 됩니다. 우리 문화재가 더 이상 일본으로 건너가게 해서는 안 됩니다."

간송의 음성은 조용했지만, 그 말에 실린 뜻은 절규와도 같았습니다.

그러나 해방의 감격은 순간에 지나갔습니다. 이 나라의 앞날에는 뜻하지 않은 슬픈 운명이 기다리고 있었던 것입니다.

미국과 소련은 한반도를 북위 38도 기준으로 나누어, 각각 남과 북을 통치하기 시작했습니다. 일제 36년의 치욕에서 벗어나자마자 나라는 다시 외세의 압력 앞에 놓였던 것입니다.

국내의 정치 세력은 민주주의를 지지하는 우파와 사회주의를 지지하는 좌파로 갈라져 반목을 일삼고 있었습니다.

미군정청은 좌파였던 여운형 쪽에서 수립한 조선인민공화국의 승인을 거절했습니다. 뿐만 아니라 그들은 대한민국 임시정부도 인정하지 않았습니다. 그들은 중국에 망명해서 독립 투쟁을 했던 임시정부 요인들을 개인 자격으로 귀국하도록 했습니다. 김구 선생 일행이 늦가을에야 돌아온 것도 그 때문이었습니다.

1948년 8월 15일에 대한민국이 건국되었고, 초대 대통령으로 이승만이 선출되었습니다. 또 북한에서는 김일성이 조선민주주의인민공화국을 세웠습니다. 이로써 한반도는 허리가 잘린 분단의 한을 안게 되었습니다.

새 조국에서 간송은 정부의 자문기관인 문화재보존위원회 위원으로 활동하게 되었습니다. 사실 간송만큼 문화재 보존 문제에 투철한 의식과 넓고 깊은 지식을 가진 이가 드문 터였으니, 그가 문화재보존위원으로 초빙된 것은 너무나 자연스러운 일이었습니다.

공적인 직책에 나서는 것을 좋아하지는 않았던 간송이었지만, 문화재보존위원회 일만큼은 기꺼이 받아들였고 열심히 활동했습니다. 그것이 자신의 사명이라고 굳게 믿었기 때문입니다.

그러나 해방 이후, 간송은 일제 강점기 동안 그토록 열정적으로 온 힘을 쏟아 부었던 문화유산의 수집을 거의 중단했습니다.

"이제 신명을 바쳐 문화유산을 수집할 필요가 없어졌네. 일본이 물러간 마당에, 누가 수집을 하든 우리 문화유산을 우리나라 사람이 소장하는 것이니 아무 상관없지 않은가?"

그 모습은 힘에 겨운 짐을 지고 혼신의 힘을 다해 먼 길을 걸어온 사람이 마침내 어깨의 짐을 벗은 듯 평화로워 보이기까지 했습니다.

정부가 수립되던 1948년 여름, 간송은 막내딸을 얻었습니다. 어언 43세가 된 간송은 늦게 얻은 막내딸 창우를 틈만 나면 무릎 위에 올려놓고 바라보곤 했습니다.

그것은 참으로 오랜만에 즐기는 단란한 평화였습니다. 그 아름다운 평화 뒤에, 우리 민족끼리 총부리를 겨눠야 하는 피비린내 나는 운명이 기다리고 있다는 것은 그 누구도 알지 못했습니다.

위기를 넘긴 보화각의 유물

1950년 6월 25일 일요일 새벽, 북한군은 38선 전역에 걸쳐 남침을 개시했습니다. 사전에 충분한 계획을 세운 전쟁이었으므로, 북한의 군사력은 막강했습니다. 그에 비해 남한의 군대는 무력하기 그지없었습니다.

북한군은 거침없이 몰려왔고, 단 하루만에 서울을 점령하기에 이르렀습니다.

간송은 일단 보화각의 문을 닫아걸고 보화각 앞에 있는 작은 집으로 거처를 옮겼습니다.

서울에 들어온 북한군은 시내 곳곳의 중요 건물들을 점령했습니다.

북한군 기마부대가 보화각에도 들이닥쳤습니다. 간송이 몇 년에 걸쳐 정성을 기울여 가꾼 보화각 뜰은 당시 국내에서 손꼽히는 아름다운 정원이었습니다. 그런데 북한군은 그 아름답던 보화각 정원을 짓밟아 한순간에

황폐하게 만들어 버렸습니다.

북한 정부 측에서도 보화각의 중요성을 알고 있는 인사들이 있었습니다. 그래서 군인들에게 철저하게 보호하도록 지시했습니다. 그러나 전세가 불리해지자 보화각 안의 문화재들을 국립박물관의 문화재들과 함께 평양으로 옮겨갈 계획을 세웠습니다.

북한군 상부에서는 남한 사람 중에 손재형*과 최순우**를 뽑아서 보화각으로 데려왔습니다. 손재형은 당시 국전의 심사위원인 이름 있는 서예가였습니다. 또 훗날 국립중앙박물관장을 지내게 되는 최순우는 당시에 국립중앙박물관에 근무하던 미술사학자였으니, 나름대로 남한의 전문가를 가려 뽑은 셈이었습니다.

두 사람에게는 보화각의 물건들을 모두 북으로 옮기기 좋도록 포장을 하라는 명령이 떨어졌습니다. 북한의 당원 한 사람과 서예가 한 사람이 둘의 작업을 감독하게 되었습니다.

•손재형 (1903~1981) 호는 소전, 서예가. 1924년 제3회, 제10회 조선미술전람회 입선과 특선을 했다. 1949년 제1회 대한민국미술전람회부터 제9회까지 심사위원으로 활동하였고, 한국 서예 발전을 위해 힘썼다. 한국예술단체총연합회 회장, 예술원 부회장 등을 지냈다.
••최순우 (1916~1984) 호는 혜곡, 미술사학자. 1946년 국립개성박물관에 근무하였으며 관장 고유섭에게 감화를 받아 고고미술을 연구하기 시작하였다. 1974년 국립중앙박물관장에 취임한 이래 평생을 박물관 전문가로 지냈다. 1962년부터 특별 전시를 주관하여 한국미술의 이해와 보존, 진흥에 크게 이바지하였고, 일본·미국·유럽 전시를 주도하여 한국미술문화를 세계에 알렸다. 저서로『무량수전 배흘림기둥에 기대서서』등이 있다.

보화각 창고에 보관된 수많은 서적과 그림과 옛 자기를 본 손재형과 최순우는 눈앞이 캄캄했습니다. 그들이야말로 우리 문화유산의 가치를 잘 알고 누구보다도 마음 깊이 사랑하는 사람들이었습니다. 또한 간송이 이 어마어마한 규모의 문화재들을 어떤 희생을 감수하면서 모아들였는지를 잘 알고 있는 사람들이었습니다.

"아무래도 우리가 술수를 좀 써야겠어요."

최순우의 말에, 열세 살이 위인 손재형이 고개를 끄덕였습니다.

"그러세. 보아하니 저 두 사람이 골동품에 대해 전문적인 지식은 없는 듯하니, 뭔가 계책을 쓰기로 하세."

두 사람은 최대한 포장 기간을 연장하기로 했습니다.

"동무들, 날래 작업을 하시오."

"커다란 나무상자에 꾸역꾸역 포개놓으라 이 말이오."

감시인들이 독촉할 때마다 두 사람은 정색을 하고 말했습니다.

"골동품은 그렇게 함부로 포장하면 안 됩니다. 목록과 물품이 정확하게 맞아야 합니다."

"목록을 제대로 준비하지 못하면, 나중에 물건을 풀었을 때 어느 시대의 것인지 누구의 것인지 알 수 없게 됩니다. 그런 일이 있을 때는 누가 책임을 집니까?"

손재형과 최순우의 따끔한 지적에, 감시인들은 조금 주저하며 말했습니다.

"그러니까 작업은 날래하면서 목록도 꼼꼼히 쓰란 말이오."

"알겠습니다, 우리가 차근차근 알아서 해 드리지요."

손재형과 최순우는 깊이 보관된 물건을 가져다가 풀어 보고는 걸핏하면 자기들이 찾는 게 아니라고 다시 싸 두었습니다. 또 이미 포장된 물품의 목록에 착오가 있었다고 못질까지 마친 상자를 다시 뜯어서 풀어 놓는 식으로 표시나지 않게 늑장을 부렸습니다.

그러던 어느 날, 보화각 지하실에서 작업을 하던 최순우가 은밀하게 손재형을 불렀습니다.

"손 선생님, 어서 좀 와 보세요."

손재형이 내려가 보니, 뜻밖에도 지하실 한쪽에 위스키가 궤짝으로 쌓여 있었습니다. 아마도 간송이 중요한 행사 때 쓰기 위해 준비해 둔 것인 듯했습니다.

"이걸로 저 사람들을 녹여 보면 어떨까요?"

"그렇게 하지. 좋은 생각이야."

두 사람은 기쁜 얼굴로 감시원들에게 고급 양주를 발견했다고 말하고, 그 술을 아낌없이 권했습니다. 감시원들은 날마다 술에 취해서 흥얼거리다가 잠에 곯아 떨어지곤 했습니다. 감시원들이 잠들면 두 사람은 아예 일손을 쉬면서 앞으로의 계획을 의논했습니다.

때로는 위험을 무릅쓰고 간송이 숨어 지내는 곳을 다녀오기도 했습니다. 보화각에서 일어나는 일들을 전해 듣는 간송은 가슴이 찢어지는 듯했습니다. 당장이라도 물건들을 그대로 싣고 떠났다는 소식이 들려올 것만 같아

하루하루가 바늘 방석이었습니다.

"손 선생님, 포장이 끝나면 틀림없이 우리도 함께 북으로 끌고 가려 할 거예요."

"그렇겠지. 최대한 시간을 끌어야 하네."

그 즈음, 남한의 사회 지도층 인사들이 북한으로 납치되었다는 소문은 꼬리를 물고 이어졌습니다. 이름이 알려진 학자며 예술가들이 한밤중에 북한군의 호출을 받고 나가서는 영영 연락이 끊어지고 말았던 시절이었습니다.

"으악!"

어느 날, 지하실 입구에서 느닷없는 비명이 들렸습니다. 최순우가 달려가 보니, 지하실 계단에서 손재형이 한쪽 다리를 거머쥔 채 아파하고 있었습니다.

감시원들도 놀라서 달려왔습니다.

"왜 그러시오, 손 동무!"

"계단을 내려가다가 발을 헛디뎠습니다. 다리를 삔 것 같습니다."

손재형이 얼굴을 찡그린 채 고통스러워했습니다. 단 한 발짝도 내딛지 못하며 아파하는 손재형에게 최순우는 급히 응급약을 발라 주고 부목을 대어 붕대로 감았습니다.

"쯧쯧, 발이 저리 됐으니 작업을 어찌 하겠소?"

감시원이 혀를 차면서 고개를 저었습니다.

"많이 움직이는 일은 제가 하고, 손 동무에게는 앉아서 하는 일을 맡기겠습니다. 조금 늦어지긴 하겠지만, 중간에 사람을 바꾸면 더 늦어질 겁니다."

최순우가 나서서 말했습니다. 감시원도 그 말이 옳겠다 싶었는지 더는 추궁하지 않았습니다. 그런데 두 사람만이 남게 되자, 손재형은 갑자기 표정을 바꿔서 속삭였습니다.

"내 연극 솜씨가 어떤가?"

"뭐라고요? 그럼 이게 꾸민 일이란 말입니까?"

"그렇다네. 어떻게든 작업을 늦출 핑계가 필요하니까 말이야."

"잘 알겠어요, 참 대단하십니다."

두 사람은 은밀한 미소를 나눴습니다.

어느덧 계절이 가을로 접어들었습니다. 쌓여 있던 술도 바닥이 났습니다. 하지만 그때까지 제대로 포장된 상자는 거의 없었습니다. 상자마다 목록이든, 물품이든 문제가 있다는 핑계로 벌여 놓기만 한 상태였습니다.

술에 곯아떨어지기 일쑤였던 감시원들이 갑자기 딱딱거리기 시작했습니다.

"이보라우, 이제 보니 작업 솜씨가 형편없는 동무들이구만!"

"날래 하라우. 더 이상 꾀부리고 늑장부리면 책임을 묻갔소."

두 사람은 하는 수 없이 대충대충 포장을 진행했습니다. 간송이 그 엄청난 자금과 뜨거운 열정을 바쳐 모아들인 옛 서화와 자기들을 나무 상자에 포개 넣고 못질을 할 때는 마치 자기들 가슴에 못을 박는 것처럼 아픔을 느꼈습니다.

두 사람이 더 이상 늑장부리지 못하고 작업을 진행하던 어느 날이었습니다. 문득 감시원들이 몹시 허둥대면서 두 사람을 몰아쳤습니다.

"대체 몇 달이 지나도록 동무들은 겨우 상자 몇 개에 못질한 것밖에 없지 않소?"

"지금 부지런히 하고 있지 않습니까?"

"아무래도 동무들에게 책임을 물어야겠소."

그들의 날카로운 태도에 두 사람은 간이 줄아드는 느낌이었습니다. 그런데 어딘지 안절부절못하며 불안해하던 두 감시원은 그날 밤에 말없이 사라졌습니다.

9월 26일, 맥아더의 인천상륙작전 성공으로 국군이 다시 서울을 되찾았던 것입니다.

이렇게 해서 보화각의 수장품들은 북한군이 첫번째 서울을 점령했던 시기를 무사히 넘기고 고대로 남게 되었던 것입니다.

전쟁의 상처

　북한군이 물러간 자리에서 간송과 최순우, 손재형은 으스러지도록 부둥켜안고 울먹였습니다. 그 일을 인연으로 간송과 최순우는 훗날까지 혈육과도 같은 정을 나누게 됩니다.

　서울을 되찾은 유엔군은 그 여세를 몰아 북으로 치고 올라갔습니다. 전세가 갑자기 역전된 것입니다.

　그러자 이번에는 중공군이 북한을 도와 전쟁에 뛰어들었습니다. 셀 수 없이 많은 군인들을 꾸역꾸역 내려보내는 중공군의 인해전술에 국군과 유엔군은 되밀릴 수밖에 없었습니다.

　국군이 되밀린다는 정보에 간송은 부랴부랴 짐을 쌌습니다. 산더미 같은 책이며 그림들을 모두 옮기는 것은 불가능했으므로, 일단 국가가 지정한 문화재를 위주로 해서 가치가 높은 것들 일부만을 챙겼습니다.

밤잠을 못 이루며 포장 작업을 지휘하던 간송은 그 바쁜 와중에 덕수궁에 있는 국립박물관으로 최순우를 찾아갔습니다.

"국립박물관 소장품은 어떻게 피난시킬 것인지 궁금해서 왔네."

최순우에게서 문화재를 안전하게 피난시킬 방법이 마련되어 있다는 대답을 들은 간송은 비로소 안심한 얼굴이 되었습니다.

"다행이군. 짐을 싸면서도 걱정이 되어서 견딜 수가 있어야지. 그래서 이렇게 달려왔네."

"보화각의 물건은 어떻게 하실 겁니까?"

"나 역시 안전한 열차 편이 준비되어 있다네."

간송이 말했습니다. 간송은 만약 최순우가 국립박물관 소장품을 피난시킬 방법이 없다고 대답한다면, 어떤 방법으로든 도울 생각에서 달려갔던 것입니다.

중요한 물건들만 간추려서 포장을 끝낸 간송은 미처 챙길 수 없었던 수많은 서적이며 문화재들을 돌아보며, 떨어지지 않는 발걸음을 옮겨야 했습니다.

모든 짐들은 열차 편으로 부산에 옮겼고, 마침 김승현이 빌려 쓰고 있던 별장이 제법 넓어서 그곳에 보관했습니다.

"아버지, 제가 여기 남아 이것들을 지키겠습니다."

간송은 믿음직한 차남 경우의 손을 힘있게 쥐어 주고는 말없이 별장을 떠났습니다.

부산에서 다시 연락이 닿은 간송과 최순우는 거의 날마다 만나다시피 했습니다.

어느 날, 두 사람은 어떤 집에 좋은 물건이 있다는 소문을 듣고 함께 그 집을 방문했습니다. 집 주인은 여러 폭의 그림들을 보여 주면서 스스로 도취한 듯 말을 늘어놓았습니다.

"물건은 최고품입지요. 요즘 같은 때에 이런 물건을 만져 보기 힘드실 겁니다."

그림은 주로 중국화였는데, 간송은 조용히 그림들을 감상했습니다.

두 사람이 그 집을 나왔을 때였습니다. 한참을 말없이 걷던 간송이 쓴웃음을 지으며 말했습니다.

"실은 우리가 저 집에서 본 그림이 모두 보화각에 있던 내 물건일세."

"예? 그게 사실입니까?"

"벌써 누군가가 보화각을 발칵 뒤집어 놓은 모양이야. 남겨 놓은 물건들이 무사하기를 바랄 수는 없게 되었군."

간송은 쓸쓸한 얼굴로 말했습니다.

휴전 직후, 간송은 부랴부랴 서울로 올라왔는데, 보화각은 차마 눈 뜨고는 볼 수 없을 정도로 아수라장이 되어 있었습니다.

표구를 하거나 훼손된 부분을 손보기 위해 한옥에 쌓아 두었던 그림이며 수만 권의 고활자본들도 모두 없어졌습니다. 아궁이 앞에는 불쏘시개로 쓰다 남긴 옛 서적이 수북히 쌓여 있는데, 모두가 중국에서 출판된 진본이었습니다. 그런가 하면 사방의 벽과 뚫어진 창을 바른 것 역시 고활자본을 뜯은 종이들이었습니다. 눈앞에 벌어진 광경에 간송은 가슴을 도려내는 아픔을 느끼며 한숨을 쉴 뿐이었습니다.

전쟁이 간송에게 남긴 또 하나의 슬픔은 부모처럼 의지하고 모셨던 스승 오세창 선생이 세상을 떠난 일이었습니다.

오세창 선생은 피난지 대구에서 90세로 눈을 감았습니다. 장례는 그분의 업적을 기려 사회장으로 치러졌습니다.

평생을 가난하게 살았던 스승을 위해 말년에 아담한 집 한 채를 사드리는 등, 간송이 오히려 연로한 스승을 돌봐 드리는 처지였습니다. 그러나 마음의 안식처였던 스승을 잃은 간송의 허전함은 무엇에도 비길 수 없었습니다.

간송은 열정을 가지고 잃어버린 물건들을 수소문했습니다.

"미군이 보화각에 트럭을 대어놓고 물건을 실어 냈다는 소문이 있습니다."

"마을 사람들이 미군이 보화각 물건들을 가져가는 것을 직접 보았답니다."

이런 정보를 얻은 간송은 유엔군 사령부에 청을 넣어, 미군이 보관하고 있던 물건들만은 고스란히 되찾을 수 있었습니다.

어느 날, 황학동 중앙시장에 수많은 옛 서적이 쌓여 있다는 소문이 들렸습니다. 한달음에 달려가 보니, 북단장의 한옥에 있던 물건들의 일부였습니다. 간송은 트럭으로 몇 대나 되는 그 책들을 되사들여 종로 4가의 집으로 옮겼습니다. 없어진 것도 많았지만, 그나마 일부를 찾을 수 있었던 것은 불행 중 다행이었습니다.

당시에는 청계천의 노점 책방에도 간송의 고판본 책이 나타났고, 고물상의 탁자 위에서도 간송의 서적이 눈에 띄었습니다.

간송은 자기가 수장한 책에 모두 장서인**을 찍어 두었으므로, 어디에 나타나도 그것이 간송의 것이라는 걸 알 수 있었습니다.

이따금 뜻있는 사람들은 장서인을 보고 고활자본을 몇 권씩 돌려보내 주기도 했습니다. 그런가 하면 어느 헌책방에 간송의 장서인이 찍힌 고서가 수백 권 쌓여 있는 걸 보았다고 알려 주는 사람도 있었습니다.

"선생님, 얼마나 마음이 아프십니까?"

"일제 때도 끄떡없이 지켜 낸 물건들이 이런 화를 입었으니, 얼마나 애통하십니까?"

사람들이 간송에게 위로의 말을 건넬 때마다, 간송은 조용히 대답했습니다.

"이 모든 게 우리나라의 운명이고, 우리 민족의 운명이라고 생각해야지요. 전쟁에서 수많은 젊은이들이 목숨을 잃은 마당에, 잃어버린 옛 물건을 아쉬워하고 있을 수만은 없지요."

간송은 차근차근 되사들인 책들의 새 목록을 만들기 시작했습니다. 수많은 목록을 손수 끈기 있게 만들고, 정리가 되는 대로 보화각에 넣곤 했습니다.

미군에게서 찾아온 보화각의 물건들은 최순우를 비롯한 몇몇 젊은이들이 밤마다 모여서 정리를 했습니다. 낮에는 직장에 나가고, 더위가 기승을 부리는 한여름 밤에 늦도록 일을 해야 했지만, 젊은이들은 오히려 보람과 행복을 느꼈습니다.

간송은 몇 달 동안을 그렇게 이곳 저곳으로 흩어진 물건들을 되사 모으며 한편으로 장서 목록을 만드는 일에 온 힘을 쏟았습니다.

10월이 되자, 간송이 말했습니다.

"이제 서울도 웬만큼 안정을 찾았으니, 부산에 있는 물건을 올려와야겠네."

간송은 부산에서 그때까지 아들이 지키고 있던 보화각의 문화재들을 서울로 옮겼습니다. 그런데 보화각의 문화재가 서울로 옮겨진 지 꼭 열흘 만에 부산의 별장에서 예기치 않은 불이 나 집이 다 타 버렸습니다.

●사회장 사회에 이바지한 공적이 많은 사람이 죽었을 때, 그와 관련된 여러 사회 단체가 연합하여 지내는 장례.
●●장서인 책의 주인을 나타내는 도장.

간송이 부산으로 옮긴 것은 보화각의 수장품 중에서도 우리나라의 으뜸가는 서화와 자기들이었습니다. 만약 간송이 서둘러 문화재를 서울로 옮기지 않았다면 그 모든 문화재가 불길 속에서 재가 되고 말았을 터이니, 생각만으로도 아찔한 일이었습니다.

　그런데 부산에서 믿음직하게 그 문화재를 지켰던 간송의 차남 경우는 불과 3년 뒤에 세상을 떠나고 말았습니다. 자식을 가슴에 묻은 간송은 그 아픔을 극복하려는 듯, 더욱 우리 문화재 연구에 몰두하는 모습을 보였습니다.

이제 여러분께 맡기겠습니다

간송은 문화재보존위원으로 일하면서 인연을 맺은 젊은 학자들에게 각별한 애정을 쏟았습니다. 간송은 이들과 어울리는 시간을 진심으로 즐거워했으며, 따뜻한 마음으로 이들을 보살피고 격려해 주었습니다.

간송은 생전에 자신을 서화가로 자처한 일은 한 번도 없었습니다. 그러나 때때로 취미 삼아 서화를 즐겼습니다.

워낙 안목이 높고 정취를 아는 사람인데다, 어려서부터 단단하게 다져 온 필묵의 기초가 그것을 뒷받침했던 것입니다.

"선생님의 그림은 다른 사람이 감히 흉내낼 수 없는 사실감이 있습니다."

"닭을 그리면 닭 울음소리가 들릴 듯하고, 소를 그리면 쇠똥 냄새가 나는 듯합니다."

사람들의 이런 칭찬에, 간송은 늘 손사래를 치며 겸손해했습니다.

1959년 가을 어느 날이었습니다.

간송이 모처럼 삼청동에 사는 최순우의 집을 찾았는데, 마침 최순우는 잠시 산책을 나간 중이었습니다.

서재에서 기다리던 간송은 마침 책상 위에 종이와 붓과 벼루가 알맞게 갖춰져 있는 것을 보고 문득 나무를 그리고 싶다는 생각을 했습니다.

간송은 잠시 생각을 다듬은 후에, 오른쪽에 큼직한 나무 한 그루를 그렸습니다. 한참을 더 생각한 후 왼쪽으로 작은 나무 한 그루를 더 그리고, 나무 밑에는 조그마한 정자를 그렸습니다. 그 옆에다 돌을 하나 그리고 있는데, 최순우가 돌아오는 기척이 났습니다.

간송은 그림을 대충 말아서 웃옷 주머니에 넣었습니다.

그날 집에 돌아와 옷을 벗다가 주머니에서 아까 그리다 만 그림이 나오자, 간송은 빙그레 웃으며 그 그림을 서재의 벽에다 압정으로 눌러 두었습니다.

며칠 후, 중학생이던 막내딸 창우가 서재에 들어왔다가 그 그림을 보고 물었습니다.

"아버지, 저 그림은 아버지가 그리신 거지요?"

간송이 고개를 끄덕이자, 딸이 말했습니다.

"그런데 정자 뒤로 아무것도 없으니 너무 허전해요. 바다 풍경이면 수평선이라도 보일 것이고, 육지 풍경이면 먼 산이라도 있어야 하지 않을까요?"

어려서부터 보는 눈을 키워 온 탓인 듯, 어린 딸의 안목 역시 날카로운 데가 있었습니다.

"으음, 듣고 보니 그렇구나."

간송은 그 자리에서 정자 뒤로 먼 산봉우리 두 개를 그린 뒤, 다시 벽에 붙여 두었습니다.

그해 겨울 어느 날, 눈이 펄펄 날리는 저녁 시간에 김원룡이 간송을 찾아왔습니다. 두 사람은 저녁 식사를 함께하며 이야기를 나눴습니다.

김원룡이 문득 벽을 바라보며 말했습니다.

"저건 선생님의 그림이지요? 참 걸작입니다."

"공연히 놀리지 말게나."

간송은 쑥스러워했습니다.

"농담이 아닙니다. 선생님, 저 그림을 제게 주세요. 안 주시면 제가 빼앗아 가겠습니다."

"갖고 싶다면 주기야 하겠지만, 이까짓 그림을 뭘 하려고……."

"그럼 당장 낙관을 해 주십시오."

간송은 그 그림에 제목을 적어 김원룡에게 주었습니다.

이듬해 봄, 김원룡의 사무실에 들른 간송은 눈에 익은 산수화 한 폭이 벽에 걸린 것을 보았습니다. 자세히 보니, 그건 지난 겨울에 김원룡에게 주었던 자신의 그림이었습니다.

"어떠십니까? 고아한 풍취가 있는 그림이지요?"

김원룡의 말에, 간송은 겸연쩍은 표정으로 말했습니다.

"저렇게 표구를 해서 걸어 놓으니 그림같이 보이긴 하는구려. 그런데 나는 이번 일로 다시는 그림을 그리겠다는 철없는 생각은 하지 않기로 했네."

간송은 이처럼 예술 앞에서 스스로에게 엄격했던 사람이었습니다.

따뜻하고 소탈하면서 예술 앞에서는 자신에게 더없이 엄격했던 간송의 이런 모습이야말로, 문화를 사랑하는 학자들을 그의 주변에 모이게 했던 요인이었습니다.

1950년대 말, 간송의 집은 미술사학자들의 사랑방과도 같았습니다. 간송의 자상한 인품과 깊은 정, 소박한 성품에 끌려 그들은 저녁이면 으레 간송 댁으로 모여들었고, 밤이 깊도록 가슴을 터놓고 많은 이야기들을 나눴습니다.

1960년 여름 어느 날 밤, 간송은 자기 집에 모인 후배들에게 말했습니다.

"오늘도 참으로 좋은 이야기들이 오고 갔는데, 이렇게 나누는 이야기들은 그 시간이 지나가면 그만이니 참으로 아쉽지 않은가?"

사람들이 간송의 말이 무슨 뜻인가 해서 서로의 얼굴을 바라보았습니다.

"내 오래 전부터 생각해온 일인데, 우리가 고미술 동인지 같은 걸 만들면 어떨까?"

"선생님, 참으로 좋은 생각이십니다."

"그럴 수만 있으면 얼마나 좋겠습니까?"

사실 그것은 거기 모인 사람 모두가 꿈꾸어 왔던 일이었습니다. 다만 자금 사정이 여의치 않아서 저마다 가슴에 담아 두었던 꿈이었습니다.

"그럼 이야기가 나온 김에 추진해 보도록 합시다."

"선생님, 고맙습니다."

"자네들은 뛰어난 논문들을 써서 길이 남기도록 해주시게."

이렇게 해서 간송과 함께 어울리던 미술사학자들로 구성된 고고미술 동인회가 결성되었습니다. 동인지의 이름은 『고고미술』로 정했습니다.

그런데 간송이 이들 소장학자들과 고고미술 동인회를 이끌어 가던 그 무렵은 그에게 몹시 어려운 시기였습니다. 보화각에서 잃어버린 문화재들을 되사들이느라 쓴 돈도 만만치 않았고, 불행히도 그 동안 보성학교의 경영에 큰 빚을 졌기 때문입니다.

간송은 어려움을 내색하지 않았지만, 애를 태우느라 밤잠을 이루지 못하는 날들이 많았습니다. 그의 몸은 서서히 지쳐가고 있었습니다.

1961년 12월 어느 날, 간송은 뜰에 서 있는 벽오동나무를 바라보고 있었습니다. 그 벽오동나무는 이태 전 봄에 최순우가 어디선가 구해 와서 직접 심어 준 것이었습니다.

"선생님 방의 창틀 위에 추사 선생이 쓰신 '벽오동관'이라는 조그만 액자가 걸려 있지 않습니까? 그걸 볼 때마다 늘 창 밖에 벽오동나무가 보인다면 참 좋겠다는 생각을 했거든요."

최순우는 신이 나서 얼굴에 흐르는 땀을 닦으며 벽오동나무를 심었던 것

• 고고미술 1960년 8월에 고고미술동인회 이름으로 발표한 창간사에는, 당시에 도굴이 성행하여 우리 문화유산이 함부로 다루어지고, 마침내 외국으로 불법 유출되는 것을 안타깝게 여긴다는 내용이 있습니다. 또한 이미 알려진 자료뿐만 아니라 새로 세상에 선보이는 유적과 유물들을 기록으로 남겨 놓음으로써 훗날 이들에 관한 연구 자료가 되게 하려는 데 이 동인지의 의미가 있음을 밝히고 있습니다.

입니다.

최순우가 유럽으로 유학을 떠났을 때 간송은 자신의 시계를 최순우의 낡은 시계와 바꿔 찼습니다. 아끼는 후배에게 좋은 시계를 주고 싶은 마음도 있었지만, 몸에 지녔던 물건을 하나씩 바꿔 갖고 싶을 만큼 두 사람의 우애가 애틋했던 것입니다.

'저것도 겨우살이 준비를 해 주어야겠군!'

간송은 벽오동나무 둥치를 정성껏 짚으로 싸 준 뒤, 서재로 돌아와 파리에 있는 최순우에게 편지를 썼습니다.

서울은 그 동안 제법 따뜻하더니 어제부터 기온이 영하로 내려갔습니다. 혜곡이 재작년에 심어 놓은 벽오동(그 동안 길길이 자랐습니다)도 얼지 말라고 짚으로 싸 주었습니다…….

그로부터 불과 한 달 후인 1962년 1월 26일, 간송은 그렇게 홀연히 세상을 버렸습니다. 57세의 아까운 나이였습니다.

스무 살 남짓한 나이에 우리나라 고미술품에 뛰어난 안목과 애정을 가진 위창 오세창과의 운명적인 만남을 계기로, 일찍이 우리 문화유산의 지킴이가 될 뜻을 세웠던 간송 전형필!

간송은 아마도 이렇게 말할 것입니다.

"이제 여러분께 맡기겠습니다."

● 간송 전형필(1906~1962)

교육가. 문화재 수집가. 본관 정선(旌善). 호 간송(澗松).

서울에서 출생하여 1926년 휘문고보를 거쳐 1929년 일본 와세다대학교 법학부를 졸업하였습니다. 귀국 후 3·1 운동시 민족대표 33인 중 한 분이셨던 독립운동가 위창 오세창(吳世昌) 선생님을 만나면서 우리 민족의 문화재를 지키는 일에 대한 소명 의식을 키워나가기 시작했습니다.

위창 오세창 선생님의 우리 문화재에 대한 열정과 지식에 감명을 받은 간송 선생님은 오세창 선생님의 고미술품 고증과 감식에 도움을 얻어 본격적으로 우리 문화재 수집을 위해 매진하게 되었습니다. 당시 일본의 침략을 받았던 일제 점령기라는 어려운 시기였음에도 불구하고 우리 민족의 문화재가 일본으로 넘어가는 것을 막아내는 데 평생을 받쳤고, 우리 문화재는 우리 손으로 지키고 보존해야 한다는 신념으로 일본 사람들 손에 넘어간 문화재를 되찾는 일에 온 힘을 기울였습니다.

가장 숨막혔던 순간은 1942년 당시 훈민정음 원본이 안동에 있다는 사실을 듣고, 간송 선생님이 일본 사람들 몰래 『훈민정음』 원본을 구입해 지켜낸 일일 것입니다. 당시 간송 선생님은 해방이 될 때까지 이 일이 밖으로 알려지지 않도록 특별히 조심했다고 합니다. 만일 이것을 조선총독부가 알았다면 훈민정음이 어찌되었을지는 짐작할 수 있을 것입니다.

　1940년 경영난에 빠진 보성(普成)고보를 인수하였고, 1945년 광복이 되자 보성중학교 교장직을 1년간 맡았습니다.

　1950년대 말, 간송의 집은 미술사학자들의 사랑방과도 같았습니다. 사람들은 저녁이면 으레 간송 선생님 집으로 모여들었고, 밤이 깊도록 많은 이야기

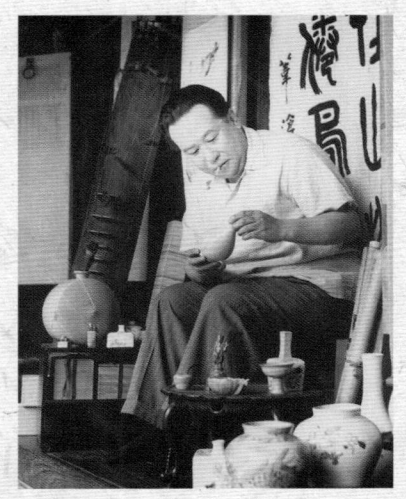

들을 나누었습니다. 그가 후배들을 얼마나 아끼고 사랑했는지는 혜곡 최순우, 초우 황수영, 수묵 진홍섭 등 후배들의 호를 지어 준 것에서도 잘 알 수 있습니다. 간송은 호를 지어 주었을 뿐만 아니라 손수 글씨를 써서 문패를 만들어 줄 정도로 자상했다고 합니다.

　1954년 문화재 보존위원으로 일했고, 1956년 교육공로자로 표창을 받았으며 문화포장(1962), 문화훈장 국민장(1964)이 추서되었습니다.

●─ 간송미술관

간송미술관은 서울특별시 성북구 성북동에 있습니다.

미술관 이름의 '간송'은 전형필 선생님의 호를 따서 지은 이름입니다.

1938년에 간송 선생님이 건립한 최초의 사립 미술관 보화각이 간송 선생님의 유지를 받들어 1966년에 한국민족미술연구소 부설 간송미술관으로 발전한 것입니다.

한국민족미술연구소는 한국미술사를 연구하고 한국미술 발전을 위해 연구 활동을 하는 곳입니다.

간송미술관에는 훈민정음을 비롯한 옛 책을 비롯해서 고려청자, 조선백자, 불상, 그림, 부도, 석탑 등 우리 문화재가 보존되고 있고, 그중 국보로 지정된 것만도 10여 점이 됩니다.

일제 강점기에는 우리나라 예술인들을 후원했고, 일본 사람들에겐 절대 개방하지 않았습니다. 1954년 조선총독부의 총독이 보화각을 방문하여 우리 문화재 몇 점을 선물받기 원했으나, 간송 선생님은 선물은커녕 마중조차 나가지 않았는데 이 일은 유명한 일화로 기록되고 있습니다.

해마다 2회에 걸쳐 논문집 『간송문화』 발행과 함께 주제별 전시회를 열고 있습니다. 간송미술관에서 발행하고 있는 『간송문화』는 1971년 창간되었고, 발행된 책자로 『추사명품집』 『겸재명품집』 등이 있습니다.

●─ 작가소개

글·한상남

1953년 충북 제천에서 태어나 청주대학교 국어국문학과, 한국방송통신대학교 영문학과, 중앙대학교 신문방송대학원을 졸업하였습니다. 1979년에 〈한국문학〉으로 등단하여 시인이 되었고, 1995년에 MBC창작동화대상을 수상하며 동화작가가 되었습니다. 쓰신 책으로는 시집 『눈물의 혼』 『지상은 아름답다』 외에 『독립운동의 큰 별 김구』 『효 이야기』 등 어린이를 위한 책이 여러 권 있습니다.

그림·김동성

1970년 부산에서 태어나 홍익대학교 동양화과를 졸업했습니다. 그린 책으로는 『삼촌과 함께 자전거 여행』 『북 치는 곰과 이주홍의 동화나라』 『메아리』 『비나리 달이네 집』 『한국생활사박물관』 등이 있으며, 그림책 『엄마 마중』으로 백상출판문화상을 수상하였습니다. 현재 광고, 카툰, 애니메이션 등 다양한 분야에서 작품 활동을 펼치고 있습니다.
http://kds.psshee.com

감수·최완수

1942년 충남 예산에서 태어나 서울대학교 사학과를 졸업하고 국립박물관에서 우리 문화재를 연구하였습니다. 현재 간송미술관, 한국민족미술연구소 연구실장으로, 서울대학교, 연세대학교 국사학과, 회화과 및 대학원에서 학생들을 가르치며, 우리 민족의 미술에 대한 연구 활동에 매진하고 계십니다. 저서로는 『겸재의 한양진경』 『명찰순례 1, 2, 3』 『진경시대』 『조선왕조 충의열전』 『겸재를 따라가는 금강산 여행』 『한국 불상의 원류를 찾아서 1』 등이 있습니다.

●― 찾아보기

ㄱ
거간 – 22, 53, 70, 76, 115, 116, 118
겸재 – 55, 57, 58, 63
경복궁 – 104, 107
경성 – 18, 87
고려자기 – 58, 70, 78, 87, 88
고종 – 44, 104
괴산외사리석조부도 – 108
군연롱춘 – 67
근정전 – 107
근역서화징 – 48
금강내산 – 59
금보 – 121
김구 – 128
김성수 – 21
김승현 – 53, 112, 140
김원룡 – 149
김점순 – 36
김정희 – 46, 50, 63, 97
경매 – 17, 18, 21, 23, 25, 26, 30, 64, 109
경성미술구락부 – 18, 22~24, 64
경천사십층석탑 – 104, 106
고희동 – 36, 43, 45~47
국보 – 63, 77, 90, 104, 118, 121, 156,

ㄴ
나가사키 – 125
낭원투도 – 68
노구교 사건 – 99

ㄷ
다나카 미쓰아키 – 104
단발령망금강 – 57
단오풍정 – 62
도록 – 19
도쿄 – 43, 78, 84, 85, 104, 106
동국정운 – 121

ㄹ
루거우차오 사건 – 99

ㅁ
마에다 사이이치로 – 69
마상청앵 – 68
모리 고이치 – 17, 18, 64
무라카미 – 75~77

158

미군정 – 128
미인도 – 65
맥아더 – 138

ㅂ

보화각 – 95, 100, 102, 107~110, 131, 132, 135, 138, 140, 141, 144~146, 151, 156
배우개 – 33, 35
백자박산향로 – 90
빙렬 – 80
북단장 – 53, 95, 98, 144

ㅅ

사회장 – 142
상량식 – 100
상하이 – 44, 99
삼층석탑 – 109, 110
쌍검대무 – 66
석조미륵불입상 – 110
석조팔각부도 – 110
손재형 – 132, 133, 135~137, 139
수양동우회 – 99

신윤복 – 63
심보 – 17~19, 21, 22, 24, 26, 29~31, 72~77

ㅇ

인천상륙작전 – 138
아베 – 125, 126
아마이케 – 74~76
야마나카 – 25, 29, 30, 64
양각 – 28, 31
이광수 – 99
이승만 – 128
이순황 – 53, 55, 57, 58, 61, 107~109, 115, 116, 118, 127
오사카 – 37, 75, 109
오세창 – 43, 46~48, 98, 142, 152, 154
와세다대학 – 43, 46
위창 – 46~48, 50~54, 64, 95, 97~100, 111, 152, 154
월하정인 – 66
여운형 – 126, 128
예서대련 – 96

ㅈ
장서인 - 144
장안사비홍교 - 57
장택상 - 21
장형수 - 57, 58, 61
정선 - 55, 57, 63
조선총독부 - 113, 116, 154, 156
존 개스비 - 78, 80, 84
죽원양계 - 67
진경산수화 - 57

ㅊ
청자기린뉴개향로 - 90
청자상감포도동자문매병 - 91
청자상감운학문매병 - 77
청자상감유죽연로원앙문정병 - 99
청자압형수적 - 90
청화백자양각진사철재난국초충문병 - 31
추사 - 46, 50, 63, 97, 98, 151
최순우 - 132, 133, 135~137, 139, 140, 145, 148, 151, 152, 155

ㅌ
탑골공원 - 43, 44

ㅍ
풍악내산총람 - 56

ㅎ
해악전신첩 - 52, 55
한남서림 - 54, 55, 57, 58, 63, 115, 116
훈민정음 - 115, 116, 118, 119, 154, 156
히로시마 - 125
화첩 - 55, 58, 61, 63, 64
휘문고등보통학교 - 36, 43
혜원풍속도 - 63